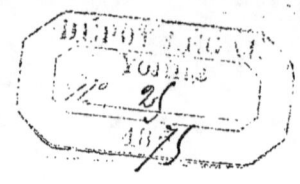

HISTOIRE DES BIBLIOTHÈQUES

Extrait du Bulletin de la Société des Sciences historiques et naturelles de l'Yonne,
1er semestre 1875.

HISTOIRE
DES
BIBLIOTHÈQUES

DES ÉTABLISSEMENTS RELIGIEUX

DES PAYS QUI FORMENT LE DÉPARTEMENT DE L'YONNE

PAR

MAX. QUANTIN

CHEVALIER DE LA LÉGION D'HONNEUR
ARCHIVISTE DU DÉPARTEMENT DE L'YONNE

AUXERRE
IMPRIMERIE DE GUSTAVE PERRIQUET
1875

HISTOIRE DES BIBLIOTHÈQUES

DES ÉTABLISSEMENTS RELIGIEUX DES PAYS QUI FORMENT
LE DÉPARTEMENT DE L'YONNE.

Par M. Max. QUANTIN.

Aujourd'hui que la presse multiplie avec une facilité merveilleuse les œuvres de l'esprit humain et les répand

Saint Jérôme traçant la vision d'Isaïe (XIIe siècle, bibl. d'Auxerre, n° 17).

à un nombre infini d'exemplaires, on doit bien de la

reconnaissance à ces copistes laborieux et prévoyants qui, dans les temps anciens, se consacraient à l'humble labeur de reproduire les textes sacrés ou profanes. On se figure difficilement comment les hommes du moyen âge pouvaient suppléer à l'absence de l'imprimerie par le moyen bien restreint de l'écriture. Mais que ne peut vaincre la persistance de l'homme et à plus forte raison le travail incessant et répété de corporations et de générations de religieux!

C'est donc à l'histoire des ordres monastiques qu'il faut s'adresser pour connaître les services qu'ils ont rendus aux lettres; c'est seulement dans les communautés, où se concentra, pendant la longue période du moyen âge, toute l'activité intellectuelle, qu'on trouve des collections de manuscrits sur les diverses branches des connaissances humaines. Notre pays n'est pas moins riche que les autres contrées de la France en souvenirs de ce genre, qui m'ont paru dignes de vous être signalés. Je continuerai ensuite l'histoire des bibliothèques des communautés religieuses jusqu'à 1789, autant, du moins, qu'il me sera possible, car les documents sont peu nombreux sur cette matière.

Mais avant de montrer la part qu'ont prise les moines de Saint-Germain d'Auxerre, ceux de Pontigny, de Saint-Pierre de Sens, de Vauluisant, et d'autres encore, aux travaux dont nous venons de parler, jetons un coup d'œil sur l'histoire générale des manuscrits.

I.

A la chute de l'empire romain, les institutions scientifiques disparurent de la Gaule. Les Barbares, venus des forêts de la Germanie, étaient plus avides de chasse et de courses lointaines que de méditations et d'études. Les clercs gaulois eux-mêmes perdirent peu à peu le goût des lettres. Cependant, les moines de Saint-Benoît vinrent à propos au VIIe siècle lutter contre l'envahissement toujours croissant de la barbarie.

Déjà saint Césaire, évêque d'Arles à la fin du Ve siècle, avait fondé un monastère de femmes, qui s'adonnaient principalement à la copie des manuscrits. Que ne doit-on pas à ce zèle pieux ! Chez les moines de Saint-Benoît, répandus dans toute la Gaule, la transcription des manuscrits fut de bonne heure une partie importante des travaux. Ordéric Vital rapporte, à ce sujet, qu'un abbé d'Ouche, nommé Théodoric, se rendit particulièrement célèbre dans ce genre, et qu'il eut de nombreux disciples.

Il avait soin de les former par ses exemples et ses paroles ; il leur recommandait surtout d'éviter l'oisiveté de l'esprit qui nuit autant au corps qu'à l'âme. Et il leur racontait cet exemple :

« Un certain frère demeurait dans un monastère ; il était coupable de beaucoup d'infractions aux règles monastiques ; mais il était écrivain. Il s'appliqua à l'écriture, et il copia volontairement un volume considérable de la divine loi. Après sa mort, son âme fut conduite pour être examinée devant le tribunal du juge équitable. Comme les mauvais esprits portaient contre elle de vives accusations, et faisaient l'exposé de ses péchés innombrables, les saints anges, de leur côté, présentaient le livre que le frère avait copié dans la maison de Dieu, et comptaient, lettre par lettre, l'énorme volume, pour les compenser par autant de péchés. Enfin, une seule lettre en dépassa le nombre, et tous les efforts des démons ne purent lui opposer aucun péché. C'est pourquoi la clémence du juge suprême pardonna au frère, ordonna à son âme de retourner à son corps et accorda avec bonté le temps de corriger sa vie (1). »

Le besoin de livres faisait souvent écrire rapidement les manuscrits d'un usage journalier; cependant, à côté de ces ouvrages, il y eut aussi les morceaux de luxe, et l'on ne pourrait croire à quel degré de perfection on a poussé quelquefois la composition des manucrits.

« Que l'un, dit Trithème, abbé de Spanheim, au XV° siècle, que l'un corrige le livre que l'autre a écrit, qu'un troisième fasse les ornements à l'encre rouge; que celui-ci se charge de la ponctuation, un autre des peintures; que celui-là colle les feuilles et relie les livres avec des tablettes de bois; vous, préparez ces tablettes; vous, apprêtez le cuir; vous, les lames de métal qui doivent orner la reliure. Que l'un de vous taille les feuilles de parchemin, qu'un autre les polisse; qu'un troisième y trace, au crayon, les lignes qui doivent guider l'écrivain; enfin, qu'un autre prépare l'encre et un autre les plumes (2). »

On écrivait ordinairement sur du vélin blanc; mais dans certains cas, pour des œuvres précieuses, on employait le vélin pourpre, bleu ou violet, avec des lettres d'or ou d'argent. Les caractères étaient de forme capitale, ce qui donnait au manuscrit un air magnifique.

Les miniatures qui remplissent beaucoup de manuscrits les rendent d'un prix inestimable. Quelques-

---

(1) L. Lalanne, *Curiosités bibliographiques*, p. 33, d'après l'histoire de Normandie, coll. Guizot, t. XXVI, p. 41.

(2) L. Lalanne, *Ibid.*, 35.

uns de ces volumes ont été peints par des artistes de grand mérite. On a conservé quelques manuscrits du VIII°, du VII° et même du V° siècle. Le goût pour ce genre de travaux s'est perpétué jusqu'au XVII° siècle. La Bibliothèque nationale, qui contient dix mille manuscrits à miniatures, est plus riche en ce genre que toutes les bibliothèques de l'Europe réunies. Tel de ces manuscrits, les Emblêmes de la Bible, *Emblemata Biblica*, de 246 fol., contient 1,968 médaillons peints de 9,840 figures.

La *Biblia sacra* (n° 6,829) contient 3,016 tableaux en 377 pages, et ainsi d'autres. Un de ces manuscrits, comme le *Speculum majus* de Vincent de Beauvais, est illustré d'un grand nombre de figures d'hommes, de plantes et d'animaux représentant la zoologie et la flore du moyen-âge (1).

La correction des manuscrits était une des parties importantes des œuvres des moines savants. Les auteurs du *Nouveau Traité de Diplomatique* racontent qu'une des occupations de saint Augustin était de corriger ce qu'il avait dicté et les copies qu'on en avait faites. Saint Jérôme collationna tout l'Ancien Testament latin sur les Exaples grecques (2). Charlemagne a corrigé de sa propre main un manuscrit de l'Explication de l'Épître aux Romains d'Origène. Paschase Ratbert, à Corbie, Warnefrid, à Mont-Cassin, Loup, à Ferrières, saint Mayeul, à Cluny, et d'autres, non-seulement transcrivaient et faisaient transcrire l'Écriture sainte et les Pères, mais veillaient sur les écrivains et revoyaient les nou-

(1) Didron, *Annales archéologiques*, t. V.
(2) *Nouveau Traité de Diplomatique*, par deux Bénédictins, t. IV, 451.

veaux exemplaires sur les anciens, afin de corriger les fautes des copistes.

Aux XIe et XIIe siècles, plusieurs savants consacrèrent leur temps à la correction des manuscrits. Lanfranc à l'abbaye du Bec; saint Anselme, qui devint archevêque de Cantorbéry, passait les nuits à revoir les manuscrits qu'il faisait copier et ceux qu'il recevait des pays étrangers. « Ces exemples, et une foule d'autres, ajoutent les savants bénédictins, prouvent que dans les temps qu'on appelle aujourd'hui barbares, les moines n'ont pas été dépourvus des lumières de la bonne critique (1). »

En 1358, des écrivains exécutent, pour le chapître de Sens, des livres neufs (2). C'est maître Breton qui écrit un grand antiphonier payé 10 écus 1 gros. Ce livre est ensuite noté par Jean de Saint-Léon, qui écrivit et remplit entièrement de musique et d'écriture un livre appelé le *Livre des Enfants*. Il écrivit et nota aussi quinze grands antiphoniers. Il n'eut pas le temps de les terminer parce qu'il quitta Sens à cause de l'invasion anglaise. Saint-Léon avait écrit aussi et noté six cahiers du livre du préchantre. Pour tout ce travail, il reçut 25 écus 4 gros. L'écu était alors compté pour 25 sous tournois.

L'enluminure desdits livres fut payée au même Saint-Léon, savoir : pour chaque grosse lettre, 12 deniers parisis, et pour les petites lettres, soit en or, soit en couleur, 3 deniers, et pour un cent de versets et de petites lettres, l'une dans l'autre, 12 deniers.

Saint-Léon avait été à Paris chercher le parchemin

---

(1) *Nouveau Traité de Diplomatique*, par deux bénédictins, t. IV, 451.

(2) G. 949.

et les autres matières nécessaires à faire son travail.

A Avallon, au commencement du XVe siècle, Geoffroi, l'écrivain, écrit un *grée* et un psautier pour le chapître Saint-Lazare (1).

Jean de Therynes, écrivain à Sens, fait, en 1539, trente-cinq cahiers de livres de chant écrits et notés, pour trente-cinq livres (G. 1152).

L'usage de transcrire les livres liturgiques s'est perpétué jusqu'au dernier siècle, malgré les facilités de l'imprimerie. On peut voir, à la bibliothèque de la fabrique de la cathédrale d'Auxerre, de magnifiques volumes, grands in-fos, écrits à cette époque sur vélin, aux titres ornés d'enluminures, et qui sont les livres de chœur de l'ancien chapitre. Ces vastes volumes donnent une idée de ce que devaient être jadis les livres de chant des grandes cathédrales.

II.

LIVRES ENCHAINÉS.

Au moyen-âge, la sollicitude pour la conservation des livres avait fait inventer des précautions fort singulières pour faciliter aux pauvres gens le moyen de lire les œuvres qui les intéressaient, et éviter cependant le danger de les voir voler. On attachait les livres avec des chaînes sur des pupîtres, où on les plaçait derrière des grilles à travers lesquelles les lecteurs pouvaient seule-

(1) Compte du Chapitre, copié sur la couverture de l'un des registres de l'état civil de la commune d'Ouanne, au greffe d'Auxerre.

ment passer le bras. Cet usage remonte au moins au V⁰ siècle (1).

En 1421, Maître Etienne de Lignières, chanoine d'Auxerre, en léguant au chapitre de cette ville des manuscrits des Décrétales, un abrégé de théologie et un petit livre de glose des Epîtres de saint Paul et de saint Jean, voulut qu'ils fussent enchaînés dans la librairie (2).

L'église de Sens assurait de la même manière la conservation de ses manuscrits. Au XV⁰ siècle, « le martyrologe est au cueur de l'esglise enchesné du costé sénestre (3). » En 1426, on achète à Paris des chaînes pour la librairie (4). En 1446, un chanoine nommé Chausson, loue 20 sous par an un bréviaire qui était enchaîné dans la nef de la cathédrale (5).

En 1504, le célérier avait encore devant lui son livre de chant enchaîné (6), et les épîtres de Sénèque étaient attachées de même du côté du trône de l'archevêque.

En 1511, les Frères-Prêcheurs et les Cordeliers de Sens faisaient le même honneur au *Speculum historiale* de Vincent de Beauvais, qui était enchaîné sur un des pupîtres de leurs librairies respectives (7).

C'était donc un usage général qui ne cessa que lorsque

---

(1) L. Lalanne, *Curiosités bibliographiques*, p. 44.

(2) Arch. de l'Yonne, G. 1798 *bis*.

(3) Arch. de l'Yonne, chapitre de Bray.

(4) G. 971, compte de la Chambre.

(5) Compte des vicaires de l'église de Sens; arch. de l'Yonne, G. 1502.

(6) G. 1144.

(7) G. Archevêché de Sens, enquête sur la Primatie.

l'imprimerie, en multipliant les livres, l'eût rendu superflu.

On employait aussi d'autres précautions contre le vol des livres, dont nous trouvons une trace dans la Chronique de Clarius au XII° siècle (1). L'abbé Arnaud, qui consacra tous ses soins à la reproduction des livres dans son monastère, avait inventé un moyen terrible pour les préserver. Il menaçait d'excommunication, sans rémission, tous ceux qui les voleraient, les vendraient ou s'en attribueraient la possession.

III.

HISTOIRE DES BIBLIOTHÈQUES LOCALES.

Il est certain que les grandes églises de nos contrées ont possédé de temps immémorial des collections de manuscrits pour servir aux études de leurs membres. Les écoles de la cathédrale d'Auxerre et de l'abbaye de Saint-Germain, notamment, déjà célèbres au IX° siècle, renfermaient des œuvres théologiques et classiques, dans lesquelles puisaient les maîtres et les docteurs tels que Rémi, Héric, Wala et autres savants hommes de ce temps. Après la découverte de l'imprimerie, les collections s'augmentèrent peu à peu et éprouvèrent, comme l'Eglise elle-même, les vicissitudes des temps. Nous avons réuni ici tout ce que les archives nous ont conservé sur ce sujet intéressant, et nous espérons que l'exposé qui va suivre ne sera pas inutile à l'histoire du pays.

(1) Chronique de Clarius.

Chapitre cathédral d'Auxerre. — Le livre le plus important de cette église a été de tout temps celui des *Gestes des Evêques*. Le premier manuscrit sur ce sujet, dont le texte nous a été conservé, avait été rédigé au IX° siècle par Héric et les chanoines Alagus et Rainogala. C'était déjà même une compilation des Gestes antérieurs, composés après la mort de chaque évêque. Au XI° siècle, le chanoine Frodon (1) continue la même œuvre et déclare que l'évêque Geoffroy de Champalmant fit recopier le texte antérieur (2). Mais le manuscrit que possède la bibliothèque d'Auxerre (3) n'est lui-même qu'une copie de ces textes faite au XII° siècle, et à laquelle on a ajouté successivement les Gestes des Evêques jusqu'au XVII° siècle.

En 980, il y avait dans l'église Saint-Etienne d'Auxerre des livres de beaucoup d'auteurs (4) réunis probablement par les soins des évêques (5) qui, comme Wala,

(1) Le Nécrologe de Saint-Étienne l'appelle *homo bene litteris eruditus*.

(2) « Hoc volumen de Gestis Pontificum renovavit. » *Bibliothèque historique de l'Yonne*, t. I, p. 394.

(3) Bibliothèque d'Auxerre, Ms. n° 123 in-4°. Ce précieux manuscrit a éprouvé de grandes vicissitudes. Il a été enlevé par les Huguenots en 1567, puis racheté par le Chapitre. Pendant la révolution, l'abbé Viart, vicaire-général du dernier évêque, l'a conservé, et il l'a enfin donné à la ville d'Auxerre.

(4) *Libri multorum auctorum* (Vie de l'évêque Héribert, *Bibliothèque historique de l'Yonne*, t. I.)

(5) Il existe à la Bibliothèque de Tours un précieux manuscrit de la première moitié du IX° siècle, n° 889, des poésies de Prudence en l'honneur de Saint-Romain, martyr. On lit au-

y mettaient tout leur zèle (1). Eckard, comte d'Autun, donna en mourant, à cet évêque, un Saint-Isidore et des vies de saint Grégoire et de saint Laurent.

Au XI° siècle, l'Obituaire de la cathédrale mentionne plusieurs fois des dons faits par des chanoines pour enrichir la bibliothèque. Guillaume, l'un d'eux, donna même jusqu'à quatre livres d'or pour cette destination (2). Le luxe des manuscrits de cette bibliothèque était très grand, selon les auteurs de la vie des évêques. Hugues de Chalon (1037) donna un missel écrit en lettres d'or, pour l'usage des évêques. L'évêque Alain (1152) fit don des quarante Homélies de saint Grégoire, élégamment écrites et ornées d'images (3). Guillaume de Toucy (†167) donna aussi des livres à son église.

Au XIII° siècle, le goût des lettres n'est pas moins grand que précédemment dans l'église d'Auxerre. Les évêques Hugues de Noyers, et Guillaume de Seignelay, étaient des lettrés érudits. Le premier légua sa bibliothèque au chapitre de Varzy. Au siècle suivant, des chanoines possédaient des bibliothèques particulières, et Félix de Coudun, lecteur du chapitre, légua la sienne composée de dix-sept volumes à l'Hôtel-Dieu de la cathé-

tour du folio 31 cette inscription en beaux caractères du IX° siècle :

HUNC LIBRUM HERIBALDUS AUTISSIODORENSIS ECCLESIÆ EPISCOPUS DEDIT SANCTO STEPHANO; PRO VITA ETERNA.

(1) Librorum copiam si usquam nosset, ardenter huc desiderabat advehere. *Bibliothèque historique de l'Yonne,* Vie de Wala, p. 358.

(2) Obituaire de Saint-Étienne au 13 janvier. Lebeuf, preuves de l'*Histoire d'Auxerre.*

(3) *Bibliothèque historique de l'Yonne,* t. I, p. 420.

drale, à condition que son neveu en aurait la jouissance pendant sa vie. Ces livres contenaient des traités de droit civil et canon, et un beau bréviaire (1).

La *librairie* du chapitre laissait à désirer en 1421, sous le rapport de l'ordre, et le doyen et deux chanoines furent chargés d'en faire l'inventaire et d'en garder les clefs. Maître Etienne de Linières donna vingt livres pour réparer les manuscrits, et, bientôt après, fit don d'autres ouvrages (2) et de 10 fr. d'or pour l'œuvre de la librairie.

En 1422, Jean de Moulins, docteur en médecine, chantre de la cathédrale, qui contribua à la construction du portail nord de cette église, imitant son confrère Jean de Linières, légua au chapitre ses livres de médecine d'Avicennes.

Les guerres du XV° siècle ne laissèrent pas le temps de penser aux travaux de l'esprit (3), et il nous faut descendre jusqu'à 1555 pour trouver quelques faits concernant la bibliothèque du Chapitre. A cette date, M° Nicolas Blanchard rapporta de Paris un livre des Evangiles de l'église d'Auxerre, légué par l'évêque Fr. de Dinteville, II° du nom, mort en 1554. Ce prélat avait

(1) Lebeuf, preuves de l'*Histoire d'Auxerre*, t. II in-4°, n° 363.
(2) G. 1798 *bis*, Arch. de l'Yonne.
(3) Cependant nous signalerons, comme étant de cette époque, un Pontifical fait par ordre de Laurent Pinon, évêque d'Auxerre, et enluminé de curieuses peintures, et qui est conservé à la Bibliothèque nationale, Mss latins, n° 1222. On lit à la fin : « Istud pontificale fecit scribi Dominus Laurentius, « episcopus Autissiodorensis, ordinis Fratrum-Predicatorum, « anno Domini M° CCCC° XXXVI, et fuit completum quinta die « junii. »

fait couvrir ce volume de lames d'argent ornées de sujets historiés. Mais ses héritiers ne voulaient pas le rendre et il fallut une sentence des Requêtes du palais pour en obtenir la remise. Mᵉ Blanchard apporta en même temps les cahiers des épîtres de la même église, également enluminés et non encore reliés (1).

Ces volumes n'ont pas été conservés, mais la bibliothèque d'Auxerre possède encore un missel manuscrit de l'évêque Baillet (1477-1513), qui fait l'ornement de ce dépôt (2).

En dévastant le trésor de la cathédrale, en 1567, les Huguenots apportèrent également un grand trouble dans la bibliothèque du chapitre, puisque le manuscrit des *Gesta pontificum* fut rapporté le 12 novembre 1568, grâce aux recherches de M. Du Broc (3). L'évangile et l'épistolier furent également réintégrés peu de jours après. Nous ne savons pas quel était, avant le pillage de la bibliothèque, le nombre des manuscrits; en 1789 il y en avait soixante-dix.

En 1636, l'état d'abandon de la bibliothèque avait persisté, mais il existait alors parmi les chanoines un savant homme, digne précurseur de Dom Viole et de l'abbé Lebeuf, Noël Damy, qui provoqua une délibération du chapitre pour le rétablissement des collections de la bibliothèque (4). On y affecta le bâtiment du petit

(1) Arch. du Chapitre, Regᵉ des délibérations, fº 82.
(2) V. Bibl. d'Auxerre, Ms. nº 52. Ce volume, relié il y a 40 ans, avait perdu auparavant son premier feuillet, qui est richement peint et enluminé. Nous avons pu le recouvrer en 1854.
(3) Lebeuf, *Prise d'Auxerre*, pièces justificatives, XXXIV.
(4) V. Lebeuf, *Histoire d'Auxerre*, Preuves, t. II in-4º, p. 239, nº 298.

chapitre, et chacun fut invité à concourir à la nouvelle œuvre. M. Noël comptait aussi sur l'appui et la libéralité de l'évêque Séguier ; mais ce prélat fut enlevé à l'église d'Auxerre en 1637, et le chapitre y perdit beaucoup.

Au milieu du XVIIIe siècle, la bibliothèque du chapitre reçut un accroissement considérable par le legs que lui fit en mourant le savant abbé Lebeuf ; ce ne fut toutefois qu'en 1765 que M. Potel, son savant confrère, qu'il avait chargé d'être son exécuteur testamentaire, se disposa à installer les précieux livres de son ami dans la salle capitulaire. L'abbé André-Prix Lebeuf, frère de l'historien, et aussi chanoine d'Auxerre, légua également en mourant trente volumes latins, in-f^{os}, au choix de la compagnie. M. Mignot, chanoine, chargé de les recueillir, annonça au chapitre que ce legs était considérable et valait plus de six cents livres (1).

Tous ces livres, réunis dans des armoires faites exprès, accrurent beaucoup la bibliothèque dont MM. Bosc et Potel furent nommés gardes (2), et les chanoines purent y puiser à leur gré.

L'exemple des deux abbés Lebeuf fut suivi d'abord par le savant abbé Mignot, mort en 1770, et ensuite par l'abbé Potel, qui laissa au chapitre, en 1783, sa bibliothèque composée de plus de mille volumes de divers formats, « à condition (précaution bientôt illusoire !) que le chapitre ne les pourroit vendre, même en cas de

---

(1) Le Chapitre ordonna d'inscrire sur chaque volume les mots : *ex dono Andreæ Prisci Lebeuf, Can. Autiss.* (G. 1803, conclusions Capitul.)

(2) Ibid.

besoin, qu'après avoir obtenu l'agrément de Mgr l'Evêque et de la Chambre ecclésiastique, qui jugeront de la nécessité (1). »

M. l'abbé Viel, qui mourut en 1784, légua aussi au chapitre plus de cinq cents ouvrages. Le chapitre, lui-même, sollicita et obtint des Etats de Bourgogne trois volumes in-4° de documents historiques publiés par leurs ordres (2), et à la fin du siècle la bibliothèque devint considérable. L'inventaire qui en fut fait en l'an II, porte le nombre des ouvrages imprimés à deux mille sept cent quinze, formant six mille trois cent soixante-neuf volumes, et celui des manuscrits à soixante-dix (3).

Bibliothèques de quelques évêques d'Auxerre. — Nous avons vu plus haut que plusieurs des anciens évêques avaient enrichi leur cathédrale de précieux manuscrits. Nous avons sur les bibliothèques de plusieurs évêques des temps modernes quelques renseignements que nous allons analyser.

J. Amyot, le plus célèbre d'entre eux, a laissé en mourant une bibliothèque dont l'importance n'est pas à la hauteur de sa renommée. Le nombre des ouvrages qui la composent ne dépasse pas cent cinquante, et la majeure partie sont des Pères grecs et latins, et des traités de théologie, mêlés à des traités de philosophie grecque et française et à quelques ouvrages d'histoire sacrée et profane.

---

(1) Archives du Chapitre, Extr. du testament de Potel, et Catalogue à la Bibliothèque d'Auxerre.

(2) Ces volumes sont à la Bibliothèque d'Auxerre.

(3) Catalogue dressé par les commissaires bibliographes du district d'Auxerre, à la Bibliothèque de la ville.

Sc. hist.

A l'inspection du catalogue qui en a été dressé (1) on croirait qu'Amyot s'était défait d'une partie de sa bibliothèque profane lorsqu'il fut nommé évêque ; car l'histoire rapporte qu'à sa prise de possession il avoua qu'il était parfaitement ignorant des sciences chrétiennes, et qu'il ne s'était occupé jusques là que de littérature profane.

Gilles de Souvré, le deuxième successeur de Jacques Amyot, aimait les sciences naturelles. On prétendit même qu'il permettait de faire dans son palais des expériences de chimie et que cela lui fut fatal (2). Le catalogue de sa bibliothèque préparé pour la vente qui a eu lieu à Paris, en la cour du Palais, contient treize cent quarante-deux volumes, dont six cent quatre-vingt-un in-f^{os} traitant de mathématiques, de médecine, etc. (3). Il y avait, en outre, quatre-vingts volumes manuscrits, sur papier, parchemin et vélin, français et italiens, dont huit volumes in-f^{os}, vélin, contenant les *Vies des hommes illustres de Plutarque*. On y mentionne aussi deux globes, l'un céleste et l'autre terrestre, de la grosseur d'un pied et demi environ de diamètre, garnis de leur cercles et pieds, qui étaient prisés 50 livres (4).

Le dernier évêque d'Auxerre, Mgr de Cicé, qui émigra en 1790, vit sa bibliothèque mise sous le séquestre. Le catalogue qui en fut dressé montre qu'elle était assez importante par la qualité et la quan-

---

(1) Arch. de l'Yonne, G. 1838. Ce Catalogue a été publié dans le *Journal d'Auxerre*, n° 6 de 1837.

(2) Lebeuf, *Mémoires sur l'Histoire d'Auxerre*, t. I, p. 679.

(3) Bibl. Mazarine, 18614, Coll. p. 98, 15 p. in-4°.

(4) Ibid.

tité des ouvrages. Il y avait quinze cent huit numéros (1).

Abbaye Saint-Germain. — Ce monastère, célèbre au moyen-âge par son patron et par le rôle qu'il a rempli dans le diocèse d'Auxerre, avait sans doute, du temps d'Héric et de Rémi, une bibliothèque importante. Les quatre mille écoliers que la tradition rapporte avoir fréquenté ses écoles au IX° siècle, supposent un développement intellectuel considérable (2). Il n'est rien resté des collections de ces temps reculés, sinon qu'il est fait mention dans le catalogue des manuscrits de l'Ecole de médecine de Montpellier (3), de trois manuscrits très précieux, provenant de ce monastère savoir, deux du VIII° siècle, un psautier latin et un recueil de cantiques, un du IX° siècle, le livre pastoral du pape Grégoire, et de quatre autres ouvrages sacrés et profanes (4).

Les personnes étrangères à Auxerre pourraient se demander comment ces manuscrits ont pu arriver à Montpellier ; mais nous savons, nous, que c'est par un coup de main d'un commissaire du gouvernement,

---

(1) Bibl. d'Auxerre, *Inventaire de la Bibliothèque du ci-devant évêché d'Auxerre*, fait le 21 nivôse an III.

(2) Le *Gesta Pontificum* rapporte que Jean, évêque d'Auxerre, (996-998), légua à l'abbaye de Saint-Germain *volumina librorum egregia*.

(3) *Catalogue des Manuscrits des Bibliothèques de France*, t. I ; Bibl. de l'Ecole de médecine de Montpellier. Les n°s 90, 130, 351, 365, 370 et 409, proviennent de l'abbaye Saint-Germain d'Auxerre.

(4) Voyez à la suite de ce Memoire une liste de plusieurs antiques manuscrits de l'abbaye St-Germain, cités dans le *Cri de la Foi*, t. III.

M. Prunelle, qui fit, en 1801, une razzia considérable dans le dépôt de la bibliothèque de l'Ecole centrale d'Auxerre, au profit de celle de l'école de médecine de Montpellier.

Les documents nous manquent pour suivre l'histoire de la bibliothèque de Saint-Germain dans le cours des siècles. En 1567, elle fut détruite par les Huguenots qui jetèrent les livres et les manuscrits au feu. A la fin du XVIIᵉ siècle, dom Martène et dom Durand racontent, dans leur *Voyage littéraire en France,* qu'ils furent frappés de l'appauvrissement de la bibliothèque de Saint-Germain. Ils l'attribuent aux dévastations des Huguenots (1) et à la négligence des anciens moines. Ils y signalent cependant encore quelques manuscrits intéressants et notamment un *Recueil d'Homélies* compilées par ordre de Charlemagne et écrites du temps de ce prince (2).

Parmi les manuscrits curieux de Saint-Germain, on peut citer encore celui que signale le docteur Th. Sikel (3) et qui est conservé à l'abbaye célèbre de Melk, sur les bords du Danube, dans l'Autriche inférieure;

---

(1) Enquête par Claude Pion, enquesteur pour le Roi, dressée en 1579 : L'abbaye de Saint-Germain fut entièrement ruinée et bruslée tant l'église que bastiments, mesme le cabinet et autres lieux où estoient les papiers et enseignements de ladicte abbaye. (Arch. de la Préfecture de l'Yonne, H.)

(2) Ce manuscrit est conservé à la Bibliothèque nationale, Mss. latins, 7494 ; Voy. Delisle, *Cabinet des manuscrits de la Bibliothèque impériale,* t. I, p. 3.

(3) *Lettre du professeur Dʳ Th. Sickel sur un manuscrit de Melk, venu de Saint-Germain d'Auxerre.* (Bibliothèque de l'Ecole des Chartes, 5ᵉ série, t. II.)

c'est un traité de Bède sur la nature des choses et des temps. Il a été écrit vers le milieu du IX° siècle. Mais ce qui le rend précieux pour nous, ce sont les annotations chronologiques et historiques qui ont été ajoutées aux tables pascales et que M. Sikel croit de la main d'Héric lui-même.

On y lit :

« An 840 ; Hludovicus obiit XII kal. julius.

« An 841, Hericus natus est.

« An 850, Hericus attonsus est VIII kal. januarias.

« An 859, Hericus, subdiaconus ordinatus est, X kal. octobris.

« Corpus beati Germani transfertur rege Karolo, « VIII kal. januarias.

« An 864, Hlotarius, filius Karoli, abbatiam Sancti-Germani accepit, IX kal. martias.

« An 865, hoc ipso anno defuncto Hlotario, Karlemannus abbatiam Sancti-Germani accepit, incertum quanto tempore habiturus.

« An 875, mense maio, cometa apparuit per dies XV. Eodem anno Hludovicus imperator obiit, mense augusto. »

Cette notice est la dernière.

L'établissement de la réforme de Saint-Maur dans le monastère de Saint-Germain y ramena la régularité et les études sérieuses. Bientôt on vit les Dom Viole et les Dom Cottron s'attaquer à l'histoire du diocèse d'Auxerre, et préparer au savant abbé Lebeuf les éléments de ses propres travaux. La Bibliothèque était au premier rang des choses intéressantes, et, en 1657, les religieux achetèrent une portion de bibliothèque particulière composée d'un certain nombre de travaux des Pères, et des œuvres de Sénèque, d'Aristote, etc. Les *Éphémérides de Saint-Germain*, qui rapportent ce fait, ajoutent qu'en 1682, la Bibliothèque avait été installée dans le haut des bâtiments, du côté nord, et formée de livres de tous genres, acquis surtout depuis 1678 (1). Le Catalogue en fut dressé l'année suivante; et il est encore là pour attester la richesse et la variété des collections (2).

Au XVIIIe siècle, une liste des manuscrits (3) en porte le nombre à plus de trente dont plusieurs du IXe siècle; et parmi lesquels figurent les Comédies de Plaute, in-4°, la Chronique de Robert de Saint-Marien, les Martyrologes auxerrois de Bargedé, les travaux de Dom Viole, en sept gros volumes, l'Histoire de l'abbaye Saint-Germain, par Dom Cottron, et trois volumes des Cartulaires de l'abbaye.

En 1790, il se trouva dans la Bibliothèque soixante manuscrits, qui contribuèrent à former, avec les imprimés, la Bibliothèque de l'École centrale.

Abbaye Saint-Marien. — Les Prémontrés de Saint-Marien, fondés au XIIe siècle, ne sont, pas plus que les Bénédictins, demeurés étrangers aux études. Milon, leur abbé, était, à la fin du même siècle, un zélé collectionneur de livres, et y fonda une bibliothèque alors remarquable. Robert Abolanz, chanoine d'Auxerre, et qui se fit moine à Saint-Marien sur la fin de sa vie, en faisait grand cas, et nous en a conservé le souvenir (4). Robert

(1) *Éphémérides du monastère de Saint-Germain*, Mss. Bibliothèque d'Auxerre, n° 147, in-f°.

(2) *Catalogus librorum monasterii Sancti-Germani Autissiodorensis*, 1683, gros in-f°.

(3) Bibl. nat., Mss Bourgogne, t. III, diocèse d'Auxerre, f° 296.

(4) Il dit de Milon : Insignem confecit Bibliothecam, quæ

écrivit lui-même une chronique demeurée célèbre sous le nom de *Chronique de Saint-Marien,* et dont il existe un bel exemplaire manuscrit à la Bibliothèque d'Auxerre(1).

Un inventaire, dressé à la fin du XVIe siècle, par le Frère E. Martin, donne une bonne idée de la Bibliothèque de Saint-Marien. On y trouve : 1° dans la grande étude quatre-vingts in-f°, soixante-dix-neuf in-4° et cent vingt-huit in-8°; 2° dans la petite étude un in-f°, vingt-et-un in-4°, soixante-douze in-8° et soixante-six in-16. Parmi ces livres sont les œuvres de Plutarque, Sénèque, Aristote, Xénophon, Platon, Tacite, et chez les modernes : Pasquier, Corrozet, Ramus, etc. (2). Puis des livres italiens, d'autres sur l'histoire des plantes, etc.

Dom Martène, dans son *Voyage littéraire*, disait, en parlant de la bibliothèque de Saint-Marien, qu'elle était fort riche en manuscrits des œuvres de saint Augustin et autres Pères. On y voyait entre autres un Commentaire de Rémi sur le prophète Ozée. Lebeuf, qui cultivait beaucoup les religieux de Saint-Marien, avait dressé un Catalogue de leurs manuscrits, qui est conservé aujourd'hui à la Bibliothèque nationale.

On y compte quarante-six ouvrages concernant sur-

sitis undecumque voluminibus cumulatam. Voy. Lebeuf, *Mémoires sur l'Histoire d'Auxerre*, t. II, p. 490, in-4°.

(1) Voy. Catalogue, n° 132. On en connait d'autres exemplaires à la Bibliothèque de l'Ecole de Médecine de Montpellier, n° 26. C'est celui qui a servi à Camuzat. Il provient de Pontigny. Cette chronique a été publiée inexactement par Camuzat, Troyes, 1608, in-4°.

(2) Catalogue des livres de l'abbaye Saint-Marien, faisant partie des dossiers et pièces relatives à la question des reliques de saint Germain.

tout les Pères, tels que saint Augustin, saint Cyprien, saint Grégoire, saint Hilaire, saint Chrysostôme, etc. Bède y figure pour cinq traités et spécialement pour son histoire d'Angleterre. Il y a aussi un exemplaire de Rémi sur les douze prophètes (1).

L'inventaire de la même bibliothèque, dressé en l'an III, mentionne encore trente-neuf manuscrits et cinq cent soixante-dix-neuf volumes imprimés, sous quatre cent trente-quatre numéros (2). Parmi les manuscrits se trouve la chronique de Robert Abolanz et des catalogues de dignitaires ecclésiastiques auxerrois avec leurs épitaphes, dressés par Dom Viole.

Cordeliers d'Auxerre. — Ce couvent, qui a fourni quelques hommes marquants, avait, dès l'an 1302, une bibliothèque de vingt-neuf volumes, qui fut cataloguée par Frère Jean, gardien de la province de Champagne (3). Cette liste présente ces livres comme étant à l'usage de chacun des moines, ce qui les fait connaître. On y voit une Bible à Frère Jean d'Auxerre, une autre à Pierre de Tonnerre, en cinq volumes ; une autre à frère Vincent, de Brienon, etc. Tous les livres de ce couvent traitent de sujets pieux. Ils devaient faire retour au couvent après ...rt de leurs possesseurs.

...irie du couvent fut incendiée avec le reste des
...1425, mais elle fut bientôt rétablie. Nous
la mo...   1648, la reconstruction de la librai-
La libra...
bâtiments, en ..   ...T. diocèse d'Auxerre, f° 298.
voyons encore, en ..   Saint-Marien, biblio-

                                                  ...justifica-
(1) Bibl. nat., Mss. Bourgogne, t. 1...
(2) Catalogue de la Bibliothèque de ...
thèque d'Auxerre.
(3) Voyez à la suite du présent Mémoire la pièce .
tive n° VII.

rie du couvent des Cordeliers qui avait alors dix toises de longueur (1), ce qui suppose une collection assez considérable.

Il ne reste plus de traces de cette bibliothèque, qui fut emportée au couvent de Troyes, par ordre du frère Pigeon, provincial, à l'exception d'un petit nombre de volumes et des Nécrologes de la maison, manuscrit dressé par le Père Hilaire Coqui. Ce précieux monument, rempli des noms des familles auxerroises qui formaient depuis plusieurs siècles la confrérie du Tiers-Ordre de Saint-François, était, en 1791, entre les mains de M. le docteur Housset, médecin des hôpitaux d'Auxerre. Ce dernier le remit alors à l'administration du district qui le lui réclamait, et on ne sait ce qu'il est devenu depuis (2).

Collége d'Auxerre. — M. Chardon rapporte, dans son *Histoire d'Auxerre* (3), que les Jésuites de cette ville possédaient au dernier siècle une fort belle bibliothèque, formée peu à peu depuis leur premier établissement en 1622, et où ils avaient réuni tous les livres essentiels aux études de tout ordre. Ces livres étaient, dit-il, renfermés dans de superbes armoires, établies aux frais du Père Daubenton, leur confrère auxerrois, élevé dans le Collége (4). En 1771, Mgr de Livry, évêque de Calli-

---

(1) Archives des Cordeliers, Préfecture de l'Yonne.

(2) Archives de l'Yonne, Domaines nationaux; Cordeliers d'Auxerre. Il existe dans le Trésor de la cathédrale d'Auxerre une belle Bible du XIIIe siècle provenant de cette Bibliothèque, et donnée par Mme Duru.

(3) *Histoire de la ville d'Auxerre*, t. II, p. 342.

(4) Le P. Daubenton, né à Auxerre en 1643, devint confes-

nique, abbé de Sainte-Colombe de Sens, fit don au collége de sa bibliothèque, à condition que les livres seraient exclusivement réservés aux professeurs et aux élèves. Cette nouvelle collection fut réunie à l'ancienne, déjà placée dans les combles du bâtiment qui fait face, au fond de la cour du collége. On y comptait six cent neuf volumes, dont trente-huit in-f°. Mgr de Livry présida lui-même au rangement de ses livres. Mais, peu d'années après, la bibliothèque du collége subit le sort des autres dépôts littéraires et les livres de Mgr de Livry furent dispersés. On en voit encore, à la Bibliothèque de la ville, qui portent ses armes sur la couverture.

Les Pères Minimes d'Avallon. — Nous avons peu de renseignements sur les anciennes bibliothèques de la ville d'Avallon. Courtépée rapporte que les Pères de la Doctrine chrétienne, qui dirigeaient le collége, avaient hérité celle de Lazare Bocquillot, le célèbre liturgiste, mais qu'on n'y voyait déjà plus, de son temps, ses manuscrits précieux (1). M. Letors de Crécy, fils du lieutenant civil connu par ses mémoires historiques, possédait la bibliothèque de son père, qui était considérable, et il y avait réuni celle de l'avocat Comynet.

Nous voyons également que les Pères Minimes, établis à Avallon en 1607, possédaient, au moment de la révolution, une bibliothèque assez volumineuse. On y comptait treize cent un ouvrages et vingt-huit manus-

---

seur de Philippe, duc d'Anjou, qui monta sur le trône d'Espagne.

(1) Courtépée, *Description du duché de Bourgogne*, t. V, p. 641.

crits, presque tous sur des sujets religieux et philosophiques (1).

Le Chapitre Saint-Lazare d'Avallon. — Cette collégiale, fort ancienne et riche, ne nous paraît pas, sous le rapport bibliographique, offrir grand intérêt ; au contraire. Courtépée nous apprend même une chose bien fâcheuse, c'est qu'au XVIIe siècle, la bibliothèque du Chapitre aurait été vendue. « Il est étonnant, dit-il, que la *librairie* ou les manuscrits de cette église aient été vendus dans le dernier siècle. Une bible de cette librairie est à Saint-Victor de Paris, et le martyrologe en celle du royaume (2). »

Ce récit de Courtépée nous paraît singulier par sa coïncidence avec un fait tout opposé (3). C'est qu'en

---

(1) Le rédacteur du Catalogue fait en 1791, était un nommé Fr. Welter, ex-capucin, qui termina son œuvre par des exclamations excentriques sur la liberté. (Bibl. d'Auxerre.)

(2) Courtépée, *Description de la Bourgogne*, t. V, p. 610. Ce dernier manuscrit du XIVe siècle est encore dans la même Bibliothèque sous le n° 5187, A. On y lit les mentions suivantes, qui nous apprennent qu'on se servait alors à Avallon de bréviaires à l'usage de Sens :

VII idus augusti, an 1415 : Obiit dominus Petrus Rondeti, presbyter, qui dedit ecclesie collegiale B. M. et B. Lazari Avalon. suum breviarum ad usum Senonensem, pro suo anniversario faciendo.

V idus, an 1413, Obiit dom. Johannes Boqueti, presbyter, qui dedit unum breviarium ad usum Senonensem, venditum, de cujus precio empti sunt xx s. reddituales distribuendos in die sui anniversarii.

(3) Cette coïncidence ne semble-t-elle pas autoriser à croire que Courtépée a été induit en erreur et que le renseignement qu'on lui a donné disait le contraire de la vérité.

1404, l'abbé de Saint-Victor de Paris vendit, moyennant 50 livres tournois (1), à maître Jean Huon, secrétaire du roi, chanoine de Paris et archidiacre d'Avallon, une grande bible en deux volumes que celui-ci fit relier en un, et qu'il donna au Chapitre Saint-Lazare. La charte qui rend compte de ce fait ajoute que ce personnage était originaire d'Avallon (2).

Abbaye des Escharlis. — Cette maison de Cisterciens, importante au XIIIe siècle, fut dévastée par les Anglais et les Huguenots et ne put jamais s'en relever. La bibliothèque renfermait, au commencement du XVIe siècle, un assez grand nombre de manuscrits et de livres, mais tout cela était en désordre lorsque le lieutenant général du bailliage de Sens visita la librairie du couvent, en 1511, pour y trouver quelque document sur la primatie du siége archiépiscopal de Sens. Les livres étaient sur une table sans pupitres, et gisant çà et là. Le manuscrit décrit par le lieutenant-général paraît être une chronique dans le genre de celle de Clarius (3).

En 1789 il y avait sur les rayons cinq cent onze volumes de différents formats et traitant de sujets variés. On y trouvait notamment une *Histoire générale de la Maison de Courtenay,* in-f°.

Abbaye de Molosme, près Tonnerre. — Nous ne connais-

---

(1) Ce prix est fort élevé, et les 50 livres vaudraient aujourd'hui plus de 2,000 fr.

(2) Arch. de l'Yonne, G. 2012.

(3) Arch. de l'Yonne. Fonds de l'Archevêché. Enquête sur la Primatie. — On lit au procès-verbal que le manuscrit, composé de 176 feuillets, commençait par ces mots : « Incipit prefatio sequentis operis. » Suivait un prologue sur l'histoire, et en marge : « Descriptio totius orbis et regionum in orbe»

sons rien d'ancien sur cette maison de Bénédictins. En 1790, il y avait, suivant le récolement fait par les commissaires du district, treize cent quarante-et-un volumes, dont cent vingt-trois in-f⁰ˢ.

Abbaye de Pontigny. — On devait s'attendre à trouver les moines de Pontigny au nombre des ouvriers de la pensée, comme ils le sont parmi les défricheurs du sol. Cependant, on n'en avait, jusqu'à ces derniers temps, découvert aucune preuve. La publication du premier volume du *Catalogue des manuscrits des Bibliothèques de France* nous a révélé pour la première fois ce côté intéressant de l'histoire de Pontigny (1).

Dès le XII⁰ siècle, au temps de la fondation de ce célèbre monastère, l'une des quatre filles de Citeaux, au diocèse d'Auxerre, les études littéraires y étaient très cultivées, la *librairie* était déjà bien pourvue des œuvres des Pères de l'Eglise et des écrivains profanes. Les copistes de manuscrits y répondaient aux besoins des travailleurs, et l'on compte, dans le catalogue dont nous parlons, qu'il y avait dans la bibliothèque deux cent vingt-huit volumes.

primo de Asia; » et ensuite : « Majores nostri orbem totius terræ ogeam limbo circumscriptum, » etc.

Au 87ᵉ f⁰ : « De Eadmundo rege et...... Passus est autem hic beatus rex et martyr Eadmundus, 12 kal. dec. anno 872. »

— Article sur l'archevêque Ansegise et sur l'archevêque Sewin qui obtint la primatie du Pape.

— Rainard; Frotmund; en 1184, grand incendie de la ville de Sens, la veille de la Saint-Jean-Baptiste, etc.

(1) Voy. *Catalogue de la Bibliothèque de l'école de médecine de Montpellier*, dans le t. I du Catalogue général des manuscrits des Bibliothèques des départements. Paris, 1849, in-4⁰, p. 697.

Les œuvres de saint Augustin y sont représentées par trente-trois volumes ; celles de saint Jérôme, par seize ; et les autres grands docteurs à proportion. On remarque, parmi les écrivains profanes, Sénèque, Quintilien, Suétone, Valère-Maxime, Josèphe, César, Paul-Orose, etc.

Un fait curieux nous est appris par ce catalogue : c'est que Pontigny, qui avait des monastères de sa filiation dans toute l'Europe, avait envoyé plusieurs des volumes de sa bibliothèque en Hongrie. On lit, en marge de ces livres : *est in Ungaria*. Il est présumable que cet usage a dû se continuer, au siècle suivant, pour les autres filles de Pontigny.

Nous n'avons pas pu rencontrer, dans la suite des temps, d'autres traces des œuvres intellectuelles dues aux religieux de Pontigny, malgré le vif éclat dont l'abbaye a brillé pendant les premiers siècles, au temps où elle servait d'asile aux archevêques de Cantorbéry, exilés après leurs luttes pour la liberté de l'Eglise contre les rois d'Angleterre. Les temps malheureux des XIVᵉ et XVᵉ siècles ne permirent pas, sans doute, aux études de refleurir à Pontigny. Après les guerres de religion et à la fin du XVIIᵉ siècle, on voit la bibliothèque du monastère se réorganiser. En 1778, un religieux, plein du zèle des anciens moines, D. Dépaquy, dressa un catalogue de cette bibliothèque en cent-trente-quatre pages in-f°, lequel est conservé à la bibliothèque d'Auxerre (1).

L'inventaire fait en l'an II par les commissaires bi-

---

(1) D. Jean Depaquy devint abbé de Pontigny en 1788, à l'âge de 43 ans et il assista bientôt après à la fin de cet antique monastère. Il avait auparavant travaillé beaucoup sur

bliographes, porte qu'il y avait alors deux cent soixante-sept manuscrits et huit cent huit ouvrages imprimés (1).

Dans cette collection considérable de manuscrits, la plus grande partie antérieurs au XIII° siècle, suivant une note de D. Depaquy, M. Prunelle a puisé largement, en 1801, pour former la bibliothèque de l'Ecole de Montpellier. Il y a pris entr'autres manuscrits celui de Raoul de Flaix (2), à la fin duquel se trouve le Catalogue du XII° siècle, dont nous avons parlé plus haut ;

Plus une *Histoire des Antiquités juives*, de Josèphe, XIII° siècle (3) ;

Un recueil d'histoire, de Guillaume de Tyr, XII° siècle (4) ;

Et surtout une chronique de Saint-Marien d'Auxerre, XIII° siècle (5).

les archives de Pontigny dont il avait copié les chartes en 2 volumes in-8°, conservés aujourd'hui à la Bibliothèque d'Auxerre. Après sa sortie du monastère, il se retira à Saint-Florentin où il continua de s'occuper de sujets historiques alors fort négligés. Il dressa un inventaire des archives de l'hôtel-Dieu de cette ville, en 3 volumes in-f°; il inscrivit en un gros volume in-8° toutes les pièces intéressantes de cet établissement et de la maladrerie, qui y avait été réunie. Ce dernier volume a été donné par le P. Cornat, aux archives de la préfecture, ainsi qu'un autre manuscrit du même écrivain sur l'histoire de la maladrerie et de l'hôtel-Dieu de Saint-Florentin.

D. Depaquy travailla aussi au Catalogue des livres séquestrés dans les couvents et chez les émigrés du district de Saint-Florentin. Il mourut à Troyes, au mois d'octobre 1800.

(1) Catalogue de la bibliothèque d'Auxerre.
(2) Catalogue de la bibliothèque de Montpellier, n° 12.
(3) Ibid, n° 21.
(4) Ibid, n° 91.
(5) Ibid, n° 26.

Nous ferons remarquer, en passant, que ces manuscrits avaient été réunis à Auxerre avec d'autres pour former la bibliothèque de l'école centrale, laquelle avait été donnée à la ville par décret consulaire.

On peut se demander de quelle utilité les manuscrits que nous venons de citer pouvaient être à l'école de médecine de Montpellier; mais on n'y trouverait guère de réponse! Le catalogue des manuscrits de la bibliothèque de la ville d'Auxerre contient 37 ouvrages provenant de Pontigny.

Abbaye de Quincy. — Ce beau monastère cistercien, élevé près de Tanlay au XII⁰ siècle, avait, avant le XVI⁰ siècle, une *librairie* assez belle, mais les dévastations qu'il subit alors l'avaient singulièrement amoindrie lorsque D. Martène le visita. Ce savant constate, cependant, qu'il y avait encore « un assez bon nombre de manuscrits et fort beaux. »

La plupart étaient des ouvrages des Pères les plus éminents. On y voyait aussi les lettres d'Hildebert, la Vie de saint Bernard, par Guillaume, abbé de Saint-Thierry, et qui était suivie d'une histoire des Albigeois, etc. (1).

En 1790, les commissaires du district de Tonnerre constatent qu'il n'y a pas de catalogue de la bibliothèque; ils y signalent bon nombre de manuscrits et un total de trois cent soixante-quatre volumes (2).

Abbaye de Reigny. — Nous ne connaissons rien de ce

(1) *Voyage littéraire de deux religieux Bénédictins*, Paris, 1717, in-4⁰.

(2) Procès-verbal du 28 mai 1790, Archives de l'Yonne. On y lit cette description : 192 volumes dont 23 gr. in-f⁰, 25 petit in-f⁰ et 104 de différents formats, la majeure partie manuscrit,

monastère bénédictin, dont les archives étaient très-bien classées et étiquetées dès le XIIIe siècle (1), sinon qu'il y avait dans les manuscrits de la bibliothèque le *Traité original des Sacrements*, d'Etienne Ier, évêque d'Autun, en 1127, et que Jean Montelon, érudit d'Autun, l'emprunta pour le publier à Paris, chez Henri Estienne, en 1517 (2). En 1790, la bibliothèque ne contenait que 560 volumes et pas de manuscrits (3).

Chapitre cathédral de Sens. — Le Chapitre de Sens, qui était constitué dès les temps carlovingiens, et qui jouissait de priviléges et de revenus considérables, n'a pas eu la bonne fortune, comme son voisin le Chapitre d'Auxerre, de trouver dans son sein un historien qui ait conservé à la postérité le souvenir de ses œuvres. Les manuscrits de Pascal Fenel sur l'histoire de Sens, qui devaient assurément traiter du sujet qui nous occupe, ont malheureusement disparu ; ce n'est donc qu'à l'aide des documents originaux qu'on peut retrouver quelques vestiges de l'histoire des livres du Chapitre de Sens.

La chronique de Clarius relatant qu'en 877 les églises de Saint-Etienne, de Sainte-Marie et de Saint-Jean de Sens, qui étaient contiguës, avaient été brûlées ainsi que le cloître des chanoines, y ajoute aussi la destruction de leur *librairie* (4).

---

en parchémin, écrits en latin et en gothique, contenant les œuvres des Pères, etc.

(1) V. Arch. de l'Yonne, Fonds Reigny.
(2) *Autun Chrétien*, p. 34.
(3) Archives de l'Yonne. *Inventaires faits dans les établissements religieux*, etc.
(4) Incensæ sunt basilicæ Sancti-Stephani, Sanctæ-Mariæ et Sancti-Johannis, et claustrum canonicorum crematum est

Les monuments gardent ensuite le silence sur la bibliothèque du Chapitre jusqu'au xiv° siècle. Il est certain, cependant, que ce grand corps, qui possédait, au moyen-âge, dans son trésor, des objets si précieux en ivoire et en orfèvrerie, ne devait pas négliger d'y joindre des manuscrits. Nous savons qu'il conservait le fameux missel de la Fête des Fous (1).

A partir du xiv° siècle, les documents deviennent plus intéressants. En 1341, l'archevêque Philippe légua à son église quinze volumes liturgiques, parmi lesquels on voit un missel entier, un bréviaire en trois volumes et un grand bréviaire en trois parties (2). Comme les livres liturgiques étaient rares et chers alors, le Chapître emploie des écrivains pour en faire copier. Nous avons vu plus haut qu'en 1358 le chambrier du Chapitre en fit écrire et enluminer plusieurs.

En 1377, l'archevêque Guillaume de Melun légua aux chapelains de Saint-Laurent son grand missel (3).

Les vicaires de la cathédrale possédaient alors « un bréviaire à l'usage de Sens » qui leur avait été légué par Yvon, curé de la paroisse Saint-Hilaire de cette ville. Ce livre était estimé 10 francs d'or ; ils le donnèrent à bail à Jean Nailly, curé de Maillot, pour 20 sous parisis

igne. Periit autem in ipso cœnobio libraria Sancti-Stephani. »

(1) Ce Missel, attribué à l'archevêque P. de Corbeil et qui date du commencement du xiii° siècle, a été, de notre temps, l'objet d'études intéressantes. V. *Bulletin de la Société archéologique* de Sens, 1854. Le texte avec commentaires en a été publié par Félix Bourquelot.

(2) Bibl. nat., *Cartulaire de l'archevêché de Sens*, t. I, f° 206.

(3) G. 1513.

de rente annuelle (1). C'était le prix de location ordinaire d'un bréviaire à cette époque (2).

Au xv⁰ siècle, les livres étaient conservés « dans le trésor d'en bas. » On y voyait plusieurs gros et antiques volumes renfermant les vies des saints du diocèse (3). La vie de saint Amé, archevêque de Sens, apportée de Paris, fut copiée par un écrivain en un cahier de parchemin et en lettres de forme (4).

En 1455, Gilles Hodebert, curé de Saint-Hilaire de Sens, légue au collége de la Marche, à Paris, dont il était principal, une partie de ses livres, et parmi lesquels étaient les œuvres de saint Thomas, estimées 47 écus d'or. Il légua également au Chapitre de Sens les *Lettres* de saint Bernard et ses *Méditations*, et un troisième volume intitulé *Des Vices*, et de plus un volume des *Lettres de Sénèque à Lucilius*. Il veut, en outre, que ces volumes soient attachés avec des chaînes dans le chœur de la cathédrale, savoir, les Vies du côté droit, les lettres de saint Bernard et de Sénèque du côté gauche (5).

En 1465, le chanoine fabricien Lefèvre fit bâtir, par ordre du Chapitre, une librairie sur le cellier au pain,

---

(1) G. 121. — En 1447, on donna à bail pour 20 sous par an, à Guillaume Chausson, chanoine, un bréviaire à l'usage de Sens (G. 1502).

(2) G. 1139, an 1471.

(3) Enquête sur la suprématie du siége de Sens au xv⁰ siècle. (Arch. de l'Yonne, G.)

(4) G. 1135.

(5) G. 135, n° 24. — Le Senèque était encore enchaîné dans le même endroit en 1503, selon le compte de la Fabrique de cette année.

et y fit établir les pupîtres nécessaires avec les chaînes pour y attacher les livres (1).

Sept ans après, le Chapitre fait de nouvelles dépenses pour sa librairie, qui est placée dans la chapelle Saint-Savinien. On emploie 56 fermails aux livres; et on paie pour la façon de l'épistolier, mis au haut trésor, 16 livres 9 sous (2). Perrinet Grégoire, « relieur de livres, » reçoit 6 livres 16 sous pour avoir relié huit volumes, en 1480 (3).

Au commencement du XVIe siècle, le trésorier du Chapitre était chargé de faire relier les livres. En 1516, on construit une nouvelle librairie sur l'emplacement de la maison de l'œuvre de l'église, et Jean de Sallazar, archidiacre, donne, dans ce but, 50 livres (4). En 1525, le chanoine Griveau lègue quelques livres à la Bibliothèque. En 1542, Mgr Dubois, ayant légué 300 livres pour aider à bâtir une autre librairie (5), le Chapitre y ajouta une plus grosse somme et la fit construire par le maçon Jean Loret (6), à côté de la porte de la cathédrale, dite d'Abraham. C'était un édifice spécial, orné de plomberie dorée et digne de sa destination (7).

Nous n'avons pas le catalogue des livres qui remplissaient les rayons de cette bibliothèque, mais on doit supposer qu'elle était pourvue des monuments précieux amassés pendant le moyen âge, et des nouveaux livres

(1) G. 1138, Compte de la Fabrique.
(2) G. 1139.
(3) G. 1140, an 1480.
(4) G. 1145.
(5) G. 678, *Analyse des Conclusions capitulaires.*
(6) G. 1154. Ce travail lui fut payé 639 livres 10 s.
(7) G. 1154.

que propageait alors l'imprimerie dans le monde. C'était le temps où le Chapître renfermait dans son sein les Fritart, les Richer, les Raju, les Thion et autres chanoines pleins de goût pour les œuvres d'art et voués à la surveillance des travaux de la cathédrale. Alors, François Girault, François Richebois et Jean Savine, imprimeurs à Sens, répandaient à profusion les livres d'église imprimés aux frais des illustres prélats les cardinaux Duprat, Louis de Bourbon et Louis de Lorraine.

Mais les événements qui troublèrent la ville de Sens dans la seconde partie du XVIe siècle firent négliger tout à fait la bibliothèque. En 1575, le sacristain de l'église y était logé. En 1638, il n'y restait plus que quelques livres (1). Il faut descendre ensuite jusqu'au XVIIIe siècle pour retrouver la bibliothèque du Chapitre. Il existait alors à la tête de ce corps un homme qui devait remettre en honneur les études, et former des collections précieuses pour son pays et pour les lettres en général. C'était l'abbé Charles-Henri Fenel, devenu doyen du Chapitre en 1699, érudit profond et modeste, correspondant actif de l'abbé Lebeuf qui nous a conservé dans sa correspondance les traits les plus saillants de sa figure. Fenel avait un grand amour des livres et des manuscrits, et il amassait le plus qu'il pouvait de ces derniers. On voyait dans sa bibliothèque, qui était la plus belle du pays, des missels sénonais des XIIe et XIIIe siècles (2). Il avait recueilli aussi un manuscrit du Roman de Gérard

---

(1) G. 678, *Analyse des Conclusions capitulaires.* — Cependant, le doyen Taveau donna en 1626, au Chapitre, l'*Histoire des Archevêques*, de Pierre Bureteau. (Ibid.)

(2) *Correspondance de l'abbé Lebeuf*, an 1715, t. I, p. 38.

de Roussillon et, surtout, la fameuse chronique originale de Vézelay, par Hugues de Poitiers (1). Comment ce précieux volume était-il arrivé de Vézelay au doyen Fenel, c'est ce qu'on n'a jamais pu éclaircir. Jacques Taveau, dans son livre des archevêques de Sens, publié en 1608, annonce qu'il a eu cette chronique originale à sa disposition. Etait-elle déjà à cette date à Sens, dans la bibliothèque de cet écrivain, ou ailleurs, c'est ce qu'il est difficile de vérifier (2).

Fenel, qui connaissait par expérience la privation des livres dans le pays qu'il habitait, voulut assurer, après lui, la conservation de ses collections, dont il avait déjà, depuis quelques années, fait une sorte d'abandon à ses confrères, et, par son testament du 27 janvier 1727 (3), il légua au Chapitre sa bibliothèque et constitua un fonds pour son entretien. Il y déclare « qu'il a pris ces dispositions dans la vue que dans un pays où le secours des livres manque entièrement, l'on pût au moins, en certain temps, avoir cette petite ressource. »

Lebeuf, en apprenant ces dispositions, y applaudit vivement, et offrit au chanoine Pascal Fenel, neveu du doyen, autre savant qui a honoré le pays Sénonais, de procurer au Chapitre le moyen d'augmenter la nouvelle collection, ajoutant, avec sa tournure d'esprit ordinaire : « Il faudrait que Messieurs du Chapître ne regardassent ce qu'ils ont à présent que comme un levain pour en faire venir (4). »

(1) *Correspondance ibid.*, an 1734, t. II, p. 154.
(2) V. *Senonum Archiepisc. Vitæ*, par J. Taveau ; *Senonis*, 1608, in-4°, p. 5.
(3) G. 723.
(4) *Correspondance de l'abbé Lebeuf*, an 1727, t. I, p. 28.

Rien ne prouve que cette offre ait été accueillie ; cependant on va voir tout-à-l'heure que la conservation de sa bibliothèque préoccupait le Chapître (1).

Pascal Fenel passa plusieurs années à Paris pour recueillir les éléments d'une histoire des archevêques de Sens, puis il quitta tout à fait Sens lorsqu'il fut élu membre de l'Académie des Inscriptions. En 1737, il donna au Chapître quelques manuscrits et quelques livres en déclarant qu'il faisait ce petit legs pour l'utilité publique (2).

La Bibliothèque du Chapitre était alors organisée régulièrement. Il y avait à sa tête quatre inspecteurs, et le public y était admis à certains jours. En 1741, la communication du fameux manuscrit de Gérard de Roussillon, demandée par M. de Foncemagne, membre de l'Académie, n'eut pas lieu sans de grandes précautions. Lebeuf fut obligé d'assurer Fenel et le Chapître qu'il n'y aurait aucun danger à ce déplacement, pour qu'il fût autorisé. M. de Sainte-Pallaye, pour qui ce manuscrit avait été emprunté, le collationna sur deux autres exemplaires appartenant à M. Bouhier, et y fit ajouter quelques feuillets qui manquaient à la fin (3).

M. Mahiet, chanoine, qui fut bibliothécaire, dressa le catalogue de la Bibliothèque vers 1750. C'est un gros volume in-f°, de 318 feuillets, avec une bonne table (4). Les livres y sont disposés en sept classes : théologiens,

(1) En 1742, on n'y recevait pas même le *Mercure; Correspondance de l'abbé Lebeuf*, t. II, p. 390.

(2) G. 723.

(3) *Correspondance de l'abbé Lebeuf*, an 1721, t. II. — Ce manuscrit est à la Bibliothèque de Montpellier, sous le n° 349.

(4) Arch. de l'Yonne, G. 724.

jurisconsultes, historiens, orateurs, poètes, etc., philosophes, savants et médecins. On y trouve des livres assez rares, tels que le Missel de Sens, de Sallazar, Paris, 1485; celui de Duprat, Paris, 1529; l'évangélier de Sens, 1561; l'abrégé de l'histoire de saint Pèlerin, de Lebeuf, Auxerre, 1716, et la prise d'Auxerre, du même auteur. Parmi les écrivains étrangers au pays, on voit Leblanc, *Traité des monnaies*; Mabillon, *de re Diplomatica*; l'*Histoire littéraire de la France,* etc.

La révolution trouva donc au Chapitre de Sens une collection de livres importante qu'un catalogue dressé en 1790 porte à 3324 ouvrages, dont 554 in-f^{os} (1), et qui fut confondue avec les autres bibliothèques des grandes communautés religieuses.

Le Père Laire, ancien bibliothécaire du cardinal de Loménie, qui était demeuré à Sens en qualité de bibliothécaire du District, en 1792, dressa le catalogue des manuscrits du Chapitre, qui étaient au nombre de quatre-vingt-sept. Cette pièce montre l'importance de la collection, qui devait, hélas, être bientôt après dispersée (2).

Archevêques de Sens. — Les bibliothèques de ces personnages leur appartenaient en propre et n'ont jamais constitué un fonds durable et conservé au palais archiépiscopal. Aussi, n'en parlerons-nous que pour ne négliger aucun fait intéressant l'histoire de la Bibliographie locale.

(1) Archives de l'Yonne, *Inventaires faits dans les établissements religieux,* etc.

(2) Voy. l'original de ce Catalogue à la Bibliothèque d'Auxerre n° 224. M. Ph. Salmon l'a publié avec des notes sur l'existence des manuscrits, dans le *Cabinet historique,* t. II.

Dès le IX° siècle, on rappporte que l'archevêque Anségise possédait plusieurs livres d'heures, présent d'Eckard, comte d'Autun (1). A la fin du XIII° siècle, il existait déjà parmi les livres liturgiques un Pontifical sur lequel les évêques suffragants et les abbés des monastères du diocèse de Sens prêtaient serment de fidélité au moment de leur consécration par l'archevêque. Ce précieux livre, qu'on appelait jadis le *Livre d'or*, servit à cet usage jusqu'à la fin du XVIII° siècle (2).

Nous passerons sans transition au XVII° siècle pour dire que la bibliothèque de Mgr de Gondrin fut transportée à Paris, après sa mort, et vendue la somme de 5,338 livres (3).

Mgr Languet, ce savant évêque et académicien qui a tant écrit contre les Jansénistes, avait légué sa bibliothèque à ses successeurs pour en jouir à perpétuité. Cette collection était estimée 24,000 livres. Mais comme la succession était onéreuse, et qu'il aurait fallu vendre la bibliothèque pour en payer les dettes, Mgr de Luynes, qui succéda à Mgr Languet, agit en grand seigneur, il paya les dettes montant à 13,600 livres et garda la bibliothèque (4).

---

(1) Lebeuf, *Mémoires sur l'Histoire d'Auxerre*, t. I, p. 191.

(2) Ce manuscrit grand in-f° de 237 feuillets, à lettres ornées de miniatures en tête des chapitres, contient les formules de prières propres à chaque espèce de bénédictions, aux dédicaces, etc. Les serments, écrits de la main de chaque titulaire, rendaient ce manuscrit infiniment précieux. Il faisait partie du cabinet Tarbé et fut vendu en 1849 à M. de Salis, député de la Moselle à la Constituante, moyennant 330 francs.

(3) Fenel, *Analyse des Conclusions capitulaires*, G. 678.

(4) Accord passé en 1756, avec M. Languet de Rochefort,

A ce prélat généreux succéda le cardinal de Loménie, qui possédait une magnifique bibliothèque, gardée par un bibliothécaire savant, le Père Laire, dont nous avons déjà parlé (1), et qui en a publié le catalogue.

Abbaye Saint-Pierre-le-Vif de Sens. — Clarius, dans sa Chronique (2), sous la date de 1123, raconte que l'abbé Arnaud, assailli plus par le travail que par l'âge, et prévoyant sa fin prochaine, fit dresser un catalogue de tous les livres qu'il avait fait écrire et mettre en ordre par les notaires, et placer dans les archives de son abbaye. Cet abbé avait un grand goût pour la copie des

président au parlement de Dijon et les autres héritiers de Mgr Languet, sous bénéfice d'inventaire, G. 177.

(1) Notice bibliographique sur le P. Laire, dans le *Bulletin de la Société des Sciences de l'Yonne*, t. IV.

(2) *Chronicon Sancti-Petri-Vivi*, dans d'Achéry, *Spicilège*, 1757, t. II, p. 773, in-4°. — Le manuscrit original est conservé aujourd'hui à la Bibliothèque d'Auxerre. Il a éprouvé bien des vicissitudes. D'Achéry raconte qu'il avait été perdu, et qu'il n'avait été rendu aux moines de Saint-Pierre qu'en 1753. A la révolution, il fut réuni avec d'autres par le Père Laire pour former la Bibliothèque de l'école centrale de l'Yonne, et échut, avec cette bibliothèque, à la ville d'Auxerre. — Il existe à la bibliothèque de la rue Richelieu un autre exemplaire de la chronique de Clarius (Mss. français, n° 5002), qui contient quelques variantes avec celui d'Auxerre. Il est d'une écriture de cinquante ans plus récente que celle du manuscrit d'Auxerre, dont c'est une copie ou une rédaction nouvelle. Le titre *Odoranni chronicon*, en lettres rouges du XVI° siècle qui se lit au premier feuillet, a trompé bien des personnes sur l'auteur de ce manuscrit. C'est J. Taveau qui a écrit ce titre et a commis cette bévue, que Lebeuf a rectifiée sur le volume même.

Polluche, dans le *Mercure* de décembre 1745, p. 45, parle d'un autre manuscrit de Clarius, transcrit en 1256, par un religieux de Saint-Pierre-le-Vif nommé Geoffroy Hyron.

livres, et avait un atelier d'écrivains qui préparaient des éléments d'étude aux moines. Il y prenait part lui-même, faisait tailler le parchemin en volumes et le portait ensuite aux écrivains. Pour empêcher dans l'avenir la perte de ces livres, il en fit donc dresser le catalogue, et menaça d'excommunication ceux qui les détourneraient de leur destination.

Les livres de l'abbé Arnaud sont au nombre de vingt. Ils traitent des matières religieuses, à l'exception de la chronique même de Clarius, qui y figure aussi (1).

Les travaux historiques de Geoffroy de Courlon, moine de Saint-Pierre-le-Vif, au XIII° siècle, et de D. Cottron, moine de Saint-Germain d'Auxerre, au XVII° siècle, sur le monastère de Saint-Pierre, y font supposer l'existence d'une bonne bibliothèque, quoiqu'il n'en soit aucunement parlé dans les documents des archives (2) ni dans le *Voyage littéraire* de D. Martène. L'inventaire dressé en 1790 montre que les moines, après le pillage de l'abbaye par les Huguenots, avaient rétabli et enrichi leur bibliothèque. On y compte seize cent trente-huit volumes, parmi lesquels sont de bons livres de fonds, tels que le *Gallia Christiana*, l'*Histoire littéraire*, les *Annales de Baronius*, les *Conciles*, le *Spicilège*, et des manuscrits.

(1) V. *Chronicon*, d'Achéry, t. II, p. 774, in-4°.
(2) J'ai vu mettre en vente, en 1849, les manuscrits suivants de la collection Tarbé, qui provenaient tous de Saint-Pierre-le-Vif : Sermons latins et français, XIV° siècle ; — la chronique de Geoffroy de Courlon, XIII° siècle ; — idem, XIV° siècle ; — *Fasciculus Archiep. Senon. civitatis*, de Pierre Coquin, XVI° siècle ; — une chronique de Saint-Pierre-le-Vif, par D. Cottron, XVII° siècle.

Abbaye Saint-Jean-lès-Sens. — La bibliothèque de cette maison, fondée au XIIᵉ siècle, ne nous est qu'indirectement connue (1). Aux XVIIᵉ et XVIIIᵉ siècles, les religieux achètent les *Concordances de la Bible*, font relier un *Thomas à Kempis*, et s'abonnent à la *Gazette*, au *Mercure*, au *Journal de Fréron*, aux *Feuilles typographiques* et au *Journal politique* (an 1772) (2). Lebeuf en parle à propos du manuscrit d'un nommé Jean Mocquot, chirurgien, né à Montion, arrondissement de Meaux, qui y était conservé. Ce manuscrit contenait des poésies et une relation de voyages. Lebeuf, qui furetait partout, avait découvert cet auteur, et il envoya à Sens son jeune secrétaire du nom d'Adam, pour voir le manuscrit. Mais les moines de Saint-Jean répondirent qu'ils ne l'avaient pas, et Lebeuf répliqua à Fenel, d'un ton plaisant, « que c'est « que les moines craignaient de gâter leur rochet en « le cherchant, mais qu'ils l'avoient (3). »

Abbaye Saint-Remy-lès-Sens. — Ce monastère, qui avait été considérable dans les premiers siècles du moyen-âge et sous les Capétiens, tomba peu à peu dans la décadence. Cependant, en 1386, il y avait dans l'église même « un gros livre de parchemin duquel les aisselles sont couvertes de pruche vermeille, et appelé le marteloge d'icelle esglise, où les religieux ont acoustumé de mettre et mettent et enregistrent les personnes qui

---

(1) Il y avait au XVIᵉ siècle, dans le chœur de l'église de Saint-Jean, du côté droit, un *Livre de la Vie et des Miracles de la Vierge Alpaix*, de Cudot. Cérémonial de l'église de Sens, fᵒ 47. Ms. Bibl. d'Auxerre, nᵒ 166.

(2) H. 388 à 399.

(3) *Correspondance de l'abbé Lebeuf*, t. II, p. 317, 321, 327.

leur laissent biens ou héritages pour faire leurs anniversaires en ladite esglise (1). »

Nous ne connaissons qu'un inventaire des livres de la bibliothèque, dressé en 1466 (2). On y fait mention seulement de quarante-huit volumes manuscrits, dont huit légendaires, cinq livres de décrets et le reste servant à la liturgie.

Couvent des Frères-Mineurs et des Frères-Prêcheurs de Sens. — Une enquête sur la primatie du siége de Sens, faite en 1511, par Fr. Boucher, lieutenant-général du bailliage, nous apprend qu'il y avait alors dans la librairie des Frères-Mineurs un exemplaire du *Speculum historiale* de Vincent de Beauvais, en deux volumes; une autre chronique générale et une troisième en un seul volume intitulé : « Incipit chronica quæ loquitur de rebus preteritis, a nativitate Domini nostri Jhesu-Christi usque ad annum Incarnationis Domini, 1295. » Suivant un État de 1775, la bibliothèque offrait peu d'intérêt et n'était pourvue que de vieux livres (H. 576).

La librairie des Frères-Prêcheurs renfermait également le *Speculum historiale* enchaîné sur un des pupitres.

En 1790, la bibliothèque des Frères-Prêcheurs contenait trois cent soixante-quatorze volumes de divers formats, traitant de matières religieuses.

Nous relaterons, en passant, que la bibliothèque des Célestins de Sens fut donnée au collége de la même ville par décret de Mgr de Luynes du 15 juillet 1778, qui portait en même temps suppression de ce couvent (3).

Jésuites de Sens. — On ne trouve que cette simple trace

(1) H. 296.
(2) La pièce existe au Trésor de la cathédrale de Sens.
(3) Archives du Grand Séminaire de Sens.

de la bibliothèque du collége des Jésuites de Sens. En 1754, on a vendu à Sens la bibliothèque du chanoine Pascal Fenel, et les pères en ont acheté cinq cents volumes au prix de 110 livres (1).

Etablissements religieux de Tonnerre. — Le *Chapitre de Tonnerre* a perdu toutes ses archives dans la révolution, et rien n'indique l'état de sa bibliothèque. L'abbaye de Saint-Michel avait de magnifiques cartulaires, composés par ordre de l'abbé Etienne de Nicey, au commencement du XVIe siècle. Il sont encore conservés à la bibliothèque de la ville; ce sont à peu près les seuls restes des précieux dépôts historiques du Tonnerrois.

Les Pères Minimes de Tonnerre, fondés par le comte de Bragelone en 1675, furent enrichis par lui, selon ce que rapporte D. Martène (2), de beaux manuscrits, la plupart modernes, contenant les œuvres d'auteurs profanes, et curieux plutôt par leurs belles reliures et leurs miniatures que par leur contenu. On y montrait aussi, dit le savant voyageur, une bulle écrite, dit-on, par saint Bernard, et enfermée sous quatre clefs. Mais l'authenticité du fait ne lui fut pas prouvée.

En l'an II, le sieur Guenin-Lavigne, sculpteur de Tonnerre et autres, furent chargés, par l'administration du district de Tonnerre, de cataloguer les livres, manuscrits et tableaux des abbayes de Tonnerre et des pays voisins. Nous n'avons pas le résultat de cette opération et ne pouvons que faire des conjectures sur l'état des collections de plusieurs de ces établissements, et

---

(1) D. 34, Registre de dépenses du Collége de Sens.
(2) *Voyage littéraire de deux religieux Bénédictins*, Paris, 1717, 1 volume in-4°.

qui paraissent avoir été d'une médiocre importance.

Abbaye de Vauluisant. — D. Martène et D. Durand, visitant l'abbaye de Vauluisant à la fin du xviie siècle, ont laissé une description de la bibliothèque qui montre qu'il y avait alors d'assez belles collections.

L'abbé Anthoine Pierre, qui avait fait reconstruire la *librairie* (1) au commencement du xvie siècle, avait assuré la conservation des manuscrits. « Le vaisseau, dit D. Martène, en est très beau, les livres bien choisis, les manuscrits bien conservés. La plupart sont des Pères de l'Église, surtout de saint Augustin, de saint Ambroise, de saint Jérôme, d'Origène, de saint Grégoire, de Bède, de Raban Maur, de saint Bernard. Outre les ouvrages de ces Pères, nous vîmes l'histoire de Josèphe ; l'histoire ecclésiastique d'Angleterre du vénérable Bède ; la concorde des évangélistes de Zacharie de Chrysophe, Lanfranc, de *Corpore Domini*, les sermons d'Étienne de Langthon sur les petits prophètes ; la grammaire du docteur Guillaume, etc, (2). »

Nous franchissons le xviiie siècle et la révolution, et nous voyons à la vente Tarbé de Sens, en 1849, passer huit manuscrits provenant de Vauluisant, et achetés probablement par cet amateur après la suppression du couvent. Nous y retrouvons, entre autres, les *sermons d'Étienne de Langthon,* manuscrit du xiiie siècle, vendu alors à M. Grangier de La Marinière, ancien député à la Constituante.

---

(1) Déclaration des biens, etc., de l'abbaye de Vauluisant, in-4°, xviie siècle, Arch. de l'Yonne.

(2) *Voyage littéraire de deux religieux Bénédictins,* 1717, t. I, p. 82.

Abbaye de Vézelay. — Nous sommes obligés d'avouer notre ignorance sur l'histoire des livres dans cette fameuse abbaye, et M. Chérest, qui a publié trois volumes sur Vézelay (1), ne nous a rien fait connaitre sur le sujet de nos recherches. Il faut dire que les archives et sans doute aussi la bibliothèque de l'abbaye ont été saccagées par les Huguenots, au XVI° siècle. Le peu de pièces que contiennent les archives de la préfecture de l'Yonne, concernant Vézelay, ne remontent guère qu'au XV° ou au XVI° siècle.

Le seul manuscrit qui ait été sauvé du naufrage général, consiste dans la fameuse chronique originale d'Hugues de Poitiers, moine du XII° siècle, et encore il a éprouvé des lacérations considérables qui lui font perdre une partie de sa valeur. J'ai raconté à l'article du chapitre de Sens comment je supposais qu'il était arrivé au doyen Fenel, et de là par le P. Laire à la Bibliothèque de la ville d'Auxerre où il est encore (2).

Un seul fait, tiré de la *Chronologie* qui précède la chronique, concerne l'histoire littéraire de l'abbaye. En 1353, l'abbé Hugues de Maison-Comte dota son église de grands biens. Il lui donna 15 livres et fit bâtir une salle pour l'étude, entre le dortoir et l'aile des bâtiments de l'abbé Hugues d'Auxois.

IV

Nous avons parcouru la liste des grandes institutions religieuses qui ont, dans le passé, enseigné et défriché

---

(1) *Etudes historiques sur Vézelay*, Auxerre, 1863, 1868, 3 volumes in-8°.

(2) V. *Catalogue des Manuscrits de la Bibliothèque d'Auxerre*, n° 192.

nos pays. Il y reste encore bien des points obscurs que de nouvelles recherches parviendront peut-être à éclairer. Quoiqu'il en soit, il nous parait résulter de ce tableau que les monastères et les chapitres auxerrois et sénonais, notamment, ont possédé de riches collections bibliographiques dans l'ordre profane comme dans l'ordre religieux. Si les vicissitudes des temps les ont dispersées et même détruites, il n'en reste pas moins un fait certain, c'est que l'activité de leurs membres n'a pas été infructueuse et nulle dans nos pays. Les moines de Saint-Benoît et de Cîteaux, notamment, ont écrit des œuvres, ont copié des manuscrits en grand nombre ; puis, après la Renaissance, ils ont formé des bibliothèques qui ont été et sont encore les ressources des générations de travailleurs. La grande révolution a mis la main sur toutes ces collections, — une main trop souvent maladroite ; — elle a dispersé les documents les plus rares comme des objets sans valeur ; et s'il ne s'était pas trouvé dans le département un homme animé du feu sacré de l'amour des livres, Dieu sait où nous en serions réduits aujourd'hui ! Le P. Laire a sauvé de la destruction ou de la dispersion les manuscrits les plus précieux ; puis, après les avoir réunis avec soin pour en former une collection départementale, il a vu, ou plutôt non, il n'a pas vu, heureusement, — car il est mort auparavant, — on a vu emporter un grand nombre de ces manuscrits, parmi les plus importants, à la bibliothèque de médecine de Montpellier et à Paris.

L'histoire de la formation des bibliothèques modernes des villes du département offrirait aussi un vif intérêt. C'est un travail qu'il appartient à chaque conservateur de ces dépôts de composer, dans l'intérêt même des bibliothèques. Nous essayerons de le faire un jour pour notre grand dépôt.

PIÈCES JUSTIFICATIVES

I

BIBLIOTHÈQUE NATIONALE.

Manuscrits latins (1) *tirés du Catalogue des manuscrits de la Bibliothèque du Roi, 3e partie, t. 3 et 4, publiés en 1744, concernant le département de l'Yonne.*

942. Lettre de Pierre, prieur de Saint-Jean de Sens, à Henri, moine de Saint-Benoît.

1029. Bréviaire d'Auxerre, par Jean Vivien, chanoine de la cathédrale; xive siècle.

1206. Rituel de l'hôpital Saint-Jacques de Melun, suivi de l'obituaire du même établissement, et de l'ordinaire de l'église de Sens; xiiie siècle.

1222. Pontifical de l'église d'Auxerre, écrit par ordre de l'évêque Laurent Pinon, en 1436.

1351. L'Office des Fous à l'usage de l'église cathédrale de Sens, copié sur l'original conservé dans le trésor du chapitre de cette église; écriture moderne.

1559. N° 22. Lettre à Mgr l'évêque de Troyes touchant ce qui s'est passé au Concile provincial tenu à Paris par le cardinal de Sens, en 1528. — N° 23. Articles proposés par le Chapitre de Sens au Concile provincial, en 1528.

2333 A. N° 4. Vie de saint Bernard, par Alain, prêtre d'Auxerre.

(1) NOTA. — Le catalogue des manuscrits français de la Bibliothèque nationale n'étant pas encore entièrement publié, nous donnerons ultérieurement la liste des ouvrages de cette classe concernant notre département.

3056 à 3060. Somme théologique de Guillaume d'Auxerre, divisée en quatre livres ; xiv⁰ siècle (5 exemplaires).

3220. Histoire de la confession auriculaire, par Jacques Boileau, docteur en Sorbonne, en 1682.

3237 A. Somme des vertus et des vices par frère Guillaume de Broce des Frères-Prêcheurs, qui devint archevêque de Sens ; xiv⁰ siècle.

3238 à 3238 F. Même traité du même auteur ; xiv⁰ siècle (6 exemplaires).

3282. Sermon de Gautier Cornu, archevêque de Sens, sur la translation de la Couronne d'épines ; xviii⁰ siècle.

3299. Sermon par Louis Odebert, d'Avallon, prononcé au synode de Sens sur les persécutions de l'Eglise ; an 1521.

3427. Somme de Guillaume d'Auxerre, résumé en épitome par maître Herbert ; xiv⁰ siècle.

4812. 2° Pouillé d'Auxerre ; 3° Règle pour tenir le synode dans l'église d'Auxerre ; 4° Des droits de visites et procurations dus par les églises du diocèse d'Auxerre ; 5° Ordonnances de l'évêque J. Amyot, publiées dans le synode de 1582 ; 8° Style de la Cour métropolitaine de Sens ; 10° Statut de Pierre, évêque d'Auxerre, sur l'organisation des cours ecclésiastiques ; 11° Catalogue des évêques d'Auxerre de l'an 740 à 1630 ; xvi⁰ siècle.

4968. N° 5. Lettre du chantre et du chapitre de Saint-Martin de Chablis, écrite en 1270, au prévôt de Chablis, cardinal-prêtre du titre de Saint-Praxède, sur le maintien des statuts de cette église ; xiv⁰ siècle.

5002. Chronique d'Odoran (1), moine de Saint-Pierre-le-Vif depuis la création du monde à l'an 1045, et continuée par un anonyme jusqu'en 1173 ; xiii⁰ siècle.

---

(1) C'est à tort que ce manuscrit est attribué à Odoran. Il est de Clarius. C'est Taveau qui, au xvi⁰ siècle, lui a donné cette fausse désignation. Il contient un certain nombre d'articles qui manquent au manuscrit d'Auxerre.

5187 A. Martyrologe et obituaire de l'église Sainte-Marie et Saint-Lazare d'Avallon.

5202. Histoire des archevêques de Sens (fragment) de l'an 49 à l'an 69, écrit en 1558.

5203. Histoire des archevêques de Sens depuis Saint-Savinien à Richer (1073); xvi® siècle.

5204. Histoire des archevêques de Sens depuis saint Savinien jusqu'à l'an 1557 à l'archevêque Jean Bertrand, par Urbain Reversey, préchantre de Sens (1557 1558). — Idem, Sententiarum juris collectio, n° 4600.

5205. 1° Vies et actions des archevêques de Sens, recueillies en divers endroits, par Jacques Taveau, depuis saint Savinien jusqu'au cardinal de Lorraine, mort en 1578. On y voit les armoiries de plusieurs archevêques ; 2° Epitaphes des archevêques de Sens; xvii® siècle.

5206. — Livre de messire Richer, religieux sénonais historien excellent, copié sur un très ancien manuscrit par Albert Regnaud, curé de Raon. Ce livre contient l'histoire des abbés de Sens et des églises voisines de cette ville, an 1536.

5218. Liste très ample des bénéfices du diocèse de Sens; xvi® siècle.

5253. — 1° Martyrologe et Nécrologe de l'église d'Auxerre; 2° Table pascale de l'an 1207 à l'an 1210 ; xi® siècle.

5330. N° 5. Vie de saint Germain, évêque d'Auxerre, par le prêtre Constance ; xiii® siècle (1).

8585. Recueil où sont des lettres autographes de Théodore de Bèze.

8674. 1° Remi d'Auxerre, commentaire sur le satyricon de

---

(1) Voir *Bibliothèque historique de l'Yonne*, t. I, la bibliographie des différents traités publiés; *Idem*, dans l'Index des auteurs du Catalogue des manuscrits de la Bibliothèque royale, dix manuscrits du même ouvrage depuis le xi® au xiv® siècle.

de Marcien Capella ; 2° Alcuin, vers à Samuel, archevêque de Sens ; x⁰ siècle.

8786. Remi d'Auxerre, commentaire sur le satyricon de Marcien Capella ; x⁰ siècle. — *Ibidem*, n⁰ˢ 7596 H, 8674 et 8775. — Voyez au même catalogue les Commentaires de Remi sur le cantique des cantiques, les petits prophètes, la messe, les évangiles, les lettres de saint Paul, l'Apocalypse, Donat et Priscien le Grammairien.

Extraits de l'Inventaire des manuscrits latins conservés à la Bibliothèque nationale, publié par M. Léopold Delisle, 1863-1871 (suite du catalogue publié en 1744), *et concernant le département de l'Yonne.*

TRÈS GRAND FORMAT.

8823. 9 feuillets d'une bible de Pontigny. Peint., commencement du XIII⁰ siècle.

GRAND FORMAT.

8882. Antiphonaire d'Auxerre ; XIV⁰ siècle.

9120. Collection de 34 pièces relatives à l'histoire du diocèse de Sens ; IX⁰-XVII⁰ siècle. — Collection de 29 pièces relatives à l'histoire du diocèse d'Auxerre (1132-1758).

MOYEN FORMAT.

9425. Antiphonaire d'Auxerre (?) ; XIII⁰ siècle.

9885. Cartulaire de l'abbaye de Crisenon, 1291.

9886. Mémoires sur l'abbaye de Crisenon, 1691.

9887. Cartulaire de l'abbaye de Pontigny ; XII⁰ siècle.

9895-9897. Cartulaire de l'archevêché de Sens ; fin du XIV⁰ siècle, 3 volumes.

9898. Cartulaire du chapitre de Sens ; XV⁰ siècle.

9899-9900. Obituaire de l'église de Sens ; XIV⁰ siècle ; 2 exemplaires.

9901. Cartulaire de Vauluisant ; XIII⁰ siècle.

10000. Opuscules d'Odoran ; XVII⁰ siècle.

10410. Mélanges recueillis par Bouillaud ; xvii⁰ siècle. — Extraits d'un cérémonial de l'église de Sens.

PETIT FORMAT.

10502. Missel de Sens; xiii⁰ siècle.

10520. Copie de l'office des fous de Sens ; 1661.

10521. Autre copie du même office ; xvii⁰ siècle.

10912. Histoire de Raoul Glaber ; xi⁰ siècle.

10039. Nécrologe d'Auxerre, avec différentes pièces pour l'histoire du diocèse d'Auxerre, par Frappier (?); xviii⁰ siècle.

10940. Histoire du monastère de Selby, dépendance de Saint-Germain d'Auxerre. — Gestes des abbés de Saint-Germain d'Auxerre ; xiii⁰ et xiv⁰ siècles.

10941. Pouillé du diocèse de Sens ; xvi⁰ siècle, parch.

11210. Poème de Macer sur les herbes. — Lapidaires en vers latins et en prose française ; xv⁰ siècle, pap. (1)

GRAND FORMAT.

11692. Somme de Guillaume d'Auxerre ; xiii⁰ siècle, peint.

11731. Recueil de chroniques, principalement formé par D. Martène et D. Durand. — Addenda ad chronicon Clarii, ex manuscrip. Sancti-Victoris Paris.

11732. Chronicon Sancti-Petri-Vivi, auctore Clario ; xvii⁰ siècle.

11743. — Recueil.... Office de la fête des fous à Sens (462). Ancienne copie sur parchemin de la fondation de Saint-Pierre-le-Vif (494) ; xvii⁰ siècle.

11757. Vie de Saints. Amator episcopus (p. 34).

11814. Pouillés ou matériaux de pouillés se rapportant aux monastères de Sainte-Colombe de Sens (20), de Saint-Germain d'Auxerre (63), de Saint-Pierre-le-Vif (229), de Saint-Remi de Sens (240) ; xvii⁰ siècle.

11818-11821. Matériaux du *Monasticon gallicanum* de D. Germain ; 2 volumes de texte et 2 volumes de planches. — Mo-

(1) Probablement Jean Macer, né à Santigny (Yonne).

nastère de Molôme n° 11818, p. 203. — Sainte-Colombe de Sens n° 11821 pl. p. 77. — Saint-Germain d'Auxerre n° 11821 pl. p. 73. — Saint-Michel de Tonnerre n° 11819, p. 447 et 11821, p. 85.

12106. Extraits de conciles et de statuts; xviie et xviiie siècles. Statuts du chapitre d'Auxerre, p. 1. — Extrait de la chronique de Geoffroi de Courlon, p. 143.

12665. Monasticon benedictinum. — Recueil de pièces, etc.; xviiie siècle. — Sainte-Colombe de Sens (87).

12673. Même recueil. — Saint-Germain d'Auxerre (134).

12674. Même recueil. — Saint-Germain d'Auxerre (1).

12684. Même recueil. — Molosme (300).

12685. Même recueil. — Saint-Michel de Tonnerre (75).

12691. Même recueil. — Saint-Pierre-le-Vif (107).

12704. Même recueil. — Abbaye de Vézelay (281).

12730. Extrait des comptes des décimes fournissant un état des bénéfices des diocèses de Sens (1). — Autun (95). — Auxerre (24). — Bénéfices dépendant de l'abbaye de Vézelay (238); xviie siècle.

12777. Documents sur diverses abbayes de France, recueillis par D. Le Michel, etc. — Abbaye Sainte-Colombe de Sens (639).

12778. Même recueil. — Abbaye Saint-Germain d'Auxerre (210).

12779. Même recueil. — Abbaye Saint-Michel de Tonnerre (107). — Abbaye Saint-Pierre-le-Vif de Sens (211).

12780. Même recueil. — Abbaye de Vézelay (111).

12960. Gloses de Remi d'Auxerre sur Martianus Capella (39); ixe siècle.

13090. Fragments de manuscrits. — Vie de Gérard de Roussillon (2); xiiie siècle. — Vie de saint Hugues de Cluny, par Renaud, abbé de Vézelay (146); xiie siècle.

PETIT FORMAT.

13345. I. Vie et translation des SS. Savinien et Potencien (73 v°); xiie siècle.

13381. Extraits de saint Augustin, attribués à Héric d'Auxerre; ıxe siècle.

13757. Vie et miracles de saint Germain d'Auxerre, par Héric; ıxe siècle.

13758. Vie de saint Germain, par Constance (54 v°). — Conversion de Saint-Mamert, par le même (88 v°). — Miracles de saint Germain, par Héric (94 v°); xıe siècle.

13816. Notes et copies d'Ans. Le Michel et autres bénédictins sur diverses abbayes et notamment sur Sainte-Colombe de Sens (386).

13819. Mêmes recueils. — Saint-Pierre-le-Vif (126). — Saint-Remy de Sens (248).

13820. Même recueil. — Vézelay (151).

13834. Histoire de Raoul Glaber. — Chronique d'Odoran (47); xvıe siècle.

13878. Chronique de Saint-Remi de Sens, par D. Victor Cottron ; xvııe siècle.

14145. Somme de Guillaume d'Auxerre, *de officiis ecclesiasticis* (41); xıııe siècle.

GRAND FORMAT.

14309. Même ouvrage; xıııe siècle.

14363. Vies des Saints. — Saint Germain d'Auxerre (153) ; xııe et xıııe siècles.

14365. Même sujet (288) ; xıve siècle.

14367. Chronique de Saint-Pierre-le-Vif, par Odoran ; xvıe siècle.

MOYEN FORMAT.

14445, 14527 et 14528, 15178, II, 16386, 17472. Somme de Guillaume d'Auxerre ; xıııe siècle.

14645. Catalogue des manuscrits de Quincy (383 v°) ; xvııe siècle.

14650. Vies de saints. — Saint Savinien (122) ; xve siècle.

14651. Vies de saints. — Saint Loup de Sens (184); xve siècle.

14659. Chronique de Saint-Pierre-le-Vif ; xvie siècle.

14663. Catalogues historiques : archevêques de Sens (23). — Evêques d'Auxerre (23 v°) ; xve siècle.

PETIT FORMAT.

14869. Lettre sur la messe par Remi d'Auxerre (78 v°) ; xiiie siècle.

14931. Extrait du traité de Remi d'Auxerre sur la messe (90) ; xiie siècle.

15161. Livre de maître Adhémar, archevêque de Sens, appelé le miroir des prêtres ; xive siècle.

GRAND FORMAT.

15424. Lectura domini Petri de Belleperche ; xive siècle.

15437. Vies de saints : Saint Germain d'Auxerre (73). — Saint-Prix (151 v°) ; xie siècle.

MOYEN FORMAT.

15739-15746. Somme de Guillaume d'Auxerre ; xiiie siècle. Huit exemplaires. — A la fin du numéro 15743, notes du xiiie siècle sur des chanoines de Sens.

15747. Livre IV de la somme de Guillaume d'Auxerre (113 v°); xiiie siècle.

15748. Somme d'Herbert d'Auxerre ; xiiie siècle.

16009. Somme d'Eudes de Sens, *de materia judiciorum possessorum.*— Questions de droit commençant par *Si queratur, si fiat aliquod statutum in civitate ista* (45) ; xive siècle.

TRÈS GRAND FORMAT.

16732. Vies de saints. — Saint Vulfran, évêque de Sens (162) ; xiie siècle.

16734. Vies de saints. — Saint Germain, évêque d'Auxerre (74) ; xiie siècle.

16735. Vies de saints. — Sainte Colombe (182 v°). — Saint-Savinien et Saint Potencien (183 v°); xiie siècle.

16737. Vies de saints. — Saint Amatre, évêque (27 v°) ; xiie siècle.

GRAND FORMAT.

16805. Papiers du P. Lebrun sur la liturgie ; xviii° siècle. — Diocèse de Sens.

16820. Lectionnaires. — Saint-Germain (97 v°) ; saint Pèlerin (26 v°) ; xii° siècle.

16982. Gestes des évêques d'Auxerre (56) ; xvii° siècle.

17002. Vie de saints. — Saint Germain d'Auxerre (33) ; x° siècle.

17003. Vies de saints. — Saint Savinien (173) ; xii° siècle.

17004. Vies de saints. — Saint Vulfran (158) ; xii° siècle.

17005. Vies de saints. — Saint Germain (68 v°); xii° siècle.

17007. Vies de saints. — Saint Savinien et Potencien (197 v°); xii° siècle.

17023. Recueil de pièces, la plupart en copies ou en extraits, avec des dessins de sceaux et de tombeaux, etc. — Evêché d'Auxerre.

17046. Ibidem, archevêché de Sens.

17048. Extraits d'archives et de cartulaires faits par ou pour Gaignières et relatifs aux établissements religieux d'Auxerre (93).

17048. Suite du précédent recueil: abbayes de Molosme, de Rigny (389).

17051. Rôles et pièces de comptabilité relatifs à divers bénéfices du diocèse de Sens (96).

17065. Collection de 56 chartes originales du xi° au xvi° siècle, provenant du cabinet de M. Tarbé, de Sens.

17095. Collection de 65 pièces, la plupart relatives à l'histoire du diocèse de Sens. Il y a surtout des bulles de papes. De 1163 à 1771.

17097. Copies et extraits de pièces relatives à l'abbaye des Escharlis, par Gaignières; xvii° siècle.

MOYEN FORMAT.

17275. Commentaire de Remi sur l'Apocalypse ; xi° siècle.

17302. Lectionnaire. — Au commencement (1-8), vie de

saint Germain d'Auxerre, par Héric, s'arrêtant au vers 40 du livre II ; x⁰ siècle.

17312. Missel avec notation musicale, précédé d'un calendrier auquel on a ajouté l'obituaire de l'église de Gy-l'Evêque, diocèse d'Auxerre ; xiii⁰ siècle.

17724. Copie de 19 chartes du Cartulaire de Saint-Marien d'Auxerre ; xviii⁰ siècle.

17725. Cartulaire de l'abbaye de Reigny, vers 1500 ; papier.

Extrait de l'Inventaire des Manuscrits latins de la Bibliothèque nationale, insérés au fonds des nouvelles acquisitions (1871-1874).

GRAND FORMAT.

2098-2118. Papiers de l'abbé J. Boileau, doyen de Sens. On y voit entre autres :

Vol. 2098. Religieuses de la congrégation de Notre-Dame au diocèse de Sens (111).

Vol. 2118. Pièces pour l'histoire du diocèse de Sens au xvii⁰ siècle. — Pouillé du diocèse de Sens (83). — Catalogue des doyens de Sens (134). — Leçons du nouveau bréviaire de Sens (200).

2126. Notes et extraits de D. Carpentier pour le supplément au Glossaire de Ducange, t. II. Observations de l'abbé Lebeuf (215 v⁰); nomenclature des outils des tonneliers de l'Auxerrois (236).

II

BIBLIOTHÈQUE SAINTE-GENEVIÈVE A PARIS.

Catalogue des manuscrits par ordre alphabétique relatifs au département de l'Yonne

(14 nivôse an xi).

Vita virginis Alpaïs de Cudot, in-8⁰ 4 H. L., p. 353.

Lettres de Th. de Bèze; in-4⁰ 54 ² D. L.

Chronologia monachi Altissiodor., in-4⁰ 1 2 A. L., p. 87.

Concile d'Auxerre (Commentaire) sur le, composé par le P. Bardolat, chanoine de Saint-Etienne d'Auxerre, in-f⁰ 6. C. L., contenu dans un carton en parchemin sur lequel on lit : Commentaire sur le concile d'Auxerre, composé par le R. P. Bardolat.

Guillelmi Altissiodorensis summa, in-f°, 2 D. L.

Lebeuf, correspondance sur des matières théologiques, in-4°. 42 D. F.

Df 42. Recueil de copies de lettres de l'abbé Lebeuf à divers et réponses de ses correspondants. 1717-1721.

3 F 13. 43 lettres autographes de Lebeuf à l'abbé Claude Prévost, bibliothécaire de Sainte-Geneviève. 1719-1729.

Remigius in Martian Min-Felix, in-f° 2 V. L.

III

BIBLIOTHÈQUE DE L'ABBAYE DE PONTIGNY.

(Voyez catalogue des manuscrits des bibliothèques des départements, dans la collection des documents inédits sur l'histoire de France, t. I, à l'article *Bibliothèque de l'école de médecine de Montpellier*, page 697, un catalogue de 215 volumes manuscrits de l'abbaye de Pontigny au XIII° siècle).

IV

BIBLIOTHÈQUE DU VATICAN.

Analyse de manuscrits du fonds de la reine Christine, par M. de Bastard (1).

N° 88. — Du f° 6 à 176, chronique jusqu'à l'an 1223, sans doute celle de Saint-Marien d'Auxerre.

F° 167. 1209, junii, veille Saint Gervais, mention d'un incendie à Auxerre.

F° 169 (1211). Eodem anno moritur felicis memorie frater Robertus (mots effacés à dessein, on peut lire le dernier *Mariani*).

---

(1) Voir dans la *Bibliotqèque historique de l'Yonne*, t. I, à la bibliographie qui suit la vie de saint Germain par le prêtre Constance, et celle de saint Pélerin, l'énumération d'autres manuscrits du fonds de la reine Christine concernant ces personnages.

Hic egregie litteratus, sed eloquens erat.... — Son éloge se termine ainsi : Virgo creditur obiisse.

F° 175 recto. 1216. Grave incendium vastat forum Autissiodorense cùm ecclesiis S.-Eusebii et S.-Amatoris, die mercurii post Penthecostem.

Le dernier fait historique se rapporte à l'an 1223.

N° 455. In-4°. On lit au dos : *Gaufridi mon. Hist. Senon.* 125 ff. parch. xiii° siècle ; copie du suivant.

N° 480. In-4° relié en veau rouge, vélin. Longues lignes, xiii° siècle, 131 ff. paginés. Chronique de Geoffroy de Courlon.

Ce manuscrit commence par une liste des archevêques de Sens f° 1, depuis saint Savinien jusqu'à Guillaume IV, et finit par : Eodem anno (1290) quidam nobiles comites surrexerunt contra comitem Flandrie.

Il porte le timbre de la bibliothèque nationale R. P.

N° 577. — In-4° vélin 100 ff. xi° siècle.

Œuvres diverses d'Odoranne, moine de Saint-Pierre-le-Vif, au nombre de treize, sur l'histoire, la musique, la physique, la science biblique, etc.

On lit à la table, f° 2 v°, ch. I : Origo, actus et finis donne Teudechildis regine, et constructio monasterii S.-Petri V. :

II Demonstratio per annos Domini quibus temporibus vel a quibus personis monasterium S.-Petri preceptis regalibus seu privilegiis episcopalibus, necnon pignoribus sanctorum ditatum sit, et quod episcopus Sennensis (*sic*) primatum Gallie et Germanie habeat, et secundus papa appelletur, et ostensio miraculorum S. Saviniani.

V. Ad Robertum monachum, de tonis musice.

VI. De divisione monochordi, ad monachos S. Germani Autissiodorensis, qui apud Sanctum-Leodegarum morabantur.

Dans une préface en tête de ses œuvres, Odoran rapporte que relevant d'une grande maladie des pieds, en 1045, à l'âge de 60 ans, de crainte que, par la ruse des envieux, ses œuvres ne périssent, il les a réunies en un seul volume.

F° 10, commencement de la chronique d'Odoran, chap. II ; le

premier fait mentionné remonte à l'an 675. Elle s'arrête, f° 32 r°, à l'année 1032 : Obiit Leothericus archiepiscopus.

Puis viennent d'autres compositions.

F° 72, ch. VI. Perfectæ caritatis vinculo, sibi conexis fratribus in monasterio S.-Leodegarii obœdientie pede magistram regulam sequentibus, Valcherio atque Rotberto misericordia Dei indigens frater Odorannus, qui quid sibi arduam et pene difficillimam rem quam a me extorqueri vultis nequaquam ad presens elimare presumerem, nisi fisus de Dei auxilio vestris orationibus, ad id quod petitis me extendi sperarem ; præsertim cum intra fluvium Ararim, in castello qui Malliacum dicitur, cum Gilduino, archiepiscopo, quem ed erudiendum suscepi maneam, et liberalium artium libris et instrumentis caream....

F° 77. Représentation du monocorde. F° 77, v° à 80. Figures géométriques pour faciliter l'explication du monocorde ; cette lettre est terminée par une dissertation sur le son, avec cette rubrique : *Omnium consonatiarum ratio.*

F° 91 v° à 94. Office de saint Savinien et saint Potencien, noté.

F° 94. Vers en l'honneur de saint Savinien.

F° 95 v°. Epitaphes en vers d'Ansegise, Heldman et Sewin, archevêques de Sens.

F° 96 r°. Epitaphe de l'abbé Rainard.

Ce recueil finit par l'épitaphe du comte Louis, moine de Saint-Pierre.

« Regali de stirpe natus, tumulatus habeatur
Consulis officio functus, mundo Ludovicus,
Quem genuit nobis monachum Alamannia gratis. »

Et celle d'Egilon, archevêque.

Au bas du f° : *Liber S.-Petri*, monastère auquel ce manuscrit a sans doute appartenu.

(Publié par Mgr Maï, dans le *Spicilegium romanum*, t. VIIII, n° 7.)

N° 755, relié en veau rouge. — Divers ouvrages relatifs à la ville de Sens et à l'église Sainte-Colombe, sur parch., écriture du xi° siècle, in-f°, notes marginales des xii° et xiii° siècles.

F° 20 r° (1). Anno incarnati Verbi m. c. lx iiii, regnante Ludovico, rege Francorum, Hugone Senonensium pontifice, Odone, venerabili abbate presidente, Alexander papa dedicavit ecclesiam Sancte-Colombe Senonensis, vi kalendas maii, quam prefatus abbas a fundamentis renovavit.

Suit la nomenclature de tous ceux qui furent présents à cette consécration, et des cérémonies qui y furent faites.

(La copie en est faite par M. de Bastard).

F° 13 v° 910. Hoc anno viii, kal. junii, feria vi, jacta sunt fundamenta muri circa monasterium domine Columbe.

F° 16 v° m. vii. Facta est traditio Senonice urbis.

F° 20 r° 1145. Hoc anno apparuit cometes mense maio, quam secuta est mortalitas hominum et animalium pestilencie et fames, ita ut sextarium tritici venundaretur xii solidos, ordeum, x, avena viii. Insequente Pascha, rex Ludovicus, omni virtutum gratia decoratus, crucem cum ingenti multitudine Virziliaco accepit. Machina vero lignea pre (*sic*) multitudinem illorum qui cruces accipiebant cecidit, sed absque lesione alicujus. Ea tamen pars in qua rex erat illesa permansit. Quo est loco rex ecclesiam in honore sancte crucis fieri jussit, et statim virtutes ibi et miracula Dominus dignatus est operari (2).

Mort de Thibault, abbé de Sainte-Colombe de Sens, à la croisade.

V

BIBLIOTHÈQUE DE SAINT-PÉTERSBOURG.

Extraits du catalogue des manuscrits français, par M. G. Bertrand, publié dans la revue des sociétés savantes des départements, 1873, t. VI.

N° 95. Z. Divers écrits de quelques graves et pieuses person-

(1) En marge de f° 12 r° on lit la date de 953 xi kal. aug. pour la dédicace de la même église Sainte-Colombe.

(2) Cette note a été publiée dans une notice sur Vézelay, *Annuaire* de 1851.

nes : 1° Abrégé de six prédications faictes aux dames religieuses Bénédictines de Notre-Dame, au faubourg de Sens, l'an 1660 ; 2° Abrégé des serments de l'Advent, preschés dans Saint-Etienne de Sens, 1660, par le R. P. L(éger) S(oyer), R(eligieux) C(arme).

N° 18 Z. « Calendrier des fêtes particulières des saints desquels la mémoire est honorée le jour de leur mort, tant dedans que ès environs de la ville de Sens, avec les remarques où reposent leurs corps ou une considérable partie de leurs reliques ; 1664 ; 2° Histoires et Vies des saints : Savinien, Potentien, sainte Colombe, Ursicin, Ambroise, Agrice, Héracle, Paul, Léon, Arthème, Loup, Amé, Vulfran, Ebbon, Honobert, Honulfe, Aldric ; 3° Catalogue des archevêques de Sens. Manuscrit de 109 ff.

VI

BIBLIOTHÈQUE ROYALE DE STOCKHOLM.

Manuscrit intitulé : *Liber Sacramentorum*, IX° siècle, contenant la liste des paroisses de l'archidiaconé de Sens, divisé en *ministeria* ou doyennés.

Ce manuscrit provient de l'abbaye de Saint-Benoît-sur-Loire, et a été acquis au XVII° siècle par la reine Christine.

(Voyez Geffroy, notices et extraits des manuscrits concernant l'histoire de France, conservés dans les bibliothèques de Suède, Paris, 1855, in-8°.)

VII

Catalogue des manuscrits des Pères Cordeliers d'Auxerre.
(An 1302).

Universis quorum interest presentes litteras inspecturis, Frater Johannes, Fratrum Minorum in custodia Campanie custos et servus, salutem et pacem in Domino sempiternam. — Noveritis libros infrascriptos ad conventum Autissiodorensem pertinere, prout in registro custodis predecessoris mei inveni, quod in quantum ad hoc inspexi et feci inspici diligenter.

Primo, bibliam et breviarium in duobus partibus fratris Guillelmi de Montebeliardi.

Item concordancias morales; sermones de Rupella; sermones fratris P. de Sancto-Benedicto; questiones fratris Alexandri abreviatas super secundum, tercium et quartum summarum, in uno volumine. Item duo volumina sermonum. Item breviarium. Et isti libri prefati sunt ad usum fratris Jacobi Bolardi. Item bibliam Johannis Autissiodori. Item bibliam fratris Johannis de Sancto-Juliano. Item bibliam in duobus partibus fratris Johannis de Rivello. Item breviarium in tribus partibus. Item summam de casibus apparatum. Item sermones fratri Petri de Sancto-Benedicto. Idem aliud volumen sermonum cum glosis veteribus super psalterium. Item quedam alia modici valoris. Item breviarium fratris Johannes de Castellione. Item bibliam fratris Petri de Tornodoro, in quinque voluminibus. Item bibliam fratris Vincencii de Briennone. Item summam de casibus. Item unum volumen sermonum. Item unum breviarium fratris Vincencii de Monasteriis. Item biblia fratris Johannis de Tornodoro. Item breviarium in tribus voluminibus, quod fuit fratris Stephani de Ligniaco. Item breviarium quod habet frater Matheus de Milliaco, quod fuit fratris J. de Boneyo. Item breviarium quod fuit fratris Guillelmi de Gisiaco, quod dicitur habere frater Vincencius de Monasteriis. Item breviarium quod fuit fratris J. de Tornodoro, s. Faussart. Item bibliam fratris Arnulphi de Trecis. Item breviarium fratris J. de Cepeyo, sicut testificatus est frater Stephanus Senonensis, quondam custos.

Prefati, autem, libri, nullo obstante difficultatis obice, debent reverti ad conventum Autissiodorensem, prout in registro predecessoris nostri repperi est expressum.

In cujus rei testimonium, sigillum nostri officii duxi presentibus apponendum. Datum die lune in crastino beate Katharine virginis, anno Domini millesimo trecentesimo secundo.

(Original scellé autrefois, fonds des Cordeliers
d'Auxerre, archives de l'Yonne).

VIII

Catalogue des manuscrits qui existaient chez M. Tarbé, imprimeur à Sens, avec leur origine ; lesquels ont été vendus au mois de septembre 1849 (1).

1° ABBAYE SAINT-PIERRE-LE-VIF DE SENS.

Gaufridus a Colone, in-f°, 153 f°ˢ fin du XIIIᵉ siècle. N° 1. *Incipit* : Cronica fratris Gaufridi de Collone, de nominibus actibus et sepulturis Senon. archiepiscopis ; de nominibus romanorum pontificum et imperatorum ac etiam regum Francorum.... a tempore nativitatis Domini nostri J.-C. usque ad presens semper.

La chronologie des archevêques de Sens s'arrête à Etienne Becquart et finit à 1294. — L'auteur est mort vers 1295. — Vendu à M. de Salis, de Metz, 175 fr.

2. Un second exemplaire de cette chronique a été vendu à M. Potier, libraire.

3. Fasciculus, archiepiscop. Senonensis civitatis metropolitanæ, incipiens a beato Saviniano primo illius archipresule usque ad præsens, 1551, par Pierre Coquin, (mort en 1569), in-f° de plus de 100 folios, titres rouges. — Vendu à M. de Salis.

4. Chronique du monastère de Saint-Pierre-le-Vif, in-f° par D. Cottron, XVIIᵉ siècle. — Vendu à la bibliothèque d'Auxerre.

5. Sermons en latin et en français, XIVᵉ siècle, in-8°. — Vendu à M. Potier.

(1) Hœnel, dans son livre intitulé *Catalogi librorum manuscriptorum*, a publié une liste des manuscrits possédés alors par M. Tarbé, célèbre imprimeur à Sens, qui avait, avant et depuis la Révolution de 1789, recueilli patiemment les épaves littéraires des anciens établissements religieux du Sénonais. Ces manuscrits étaient au nombre de 33. Hœnel n'a signalé que les œuvres d'intérêt général, et aucun des ouvrages qui regardent le Sénonais ne figure sur sa liste. Il a recueilli les lettres au moment de leur dispersion par la vente de 1849.

2° ARCHEVÊCHÉ DE SENS.

6. Pontifical de Sens, in-f°, fin du xiii° siècle, 237 folios. A la fin sont les actes de prestation de serment des évêques des sept siéges suffragants, et des abbés des monastères du diocèse de Sens, du xiii° au xviii° siècle. — Vendu à M. de Salis, 330 fr.

7. Missel de Sens, gros in-8°, xiii° siècle. — Vendu à la ville d'Auxerre.

3° ABBAYE DE VAULUISANT.

8. Sermones magistri Stephani de Longatoria, Cantuariensis episcopi, in-f°, xiii° siècle. — Vendu à M. Grangier de la Marinière, député à la Constituante.

9. Dictionnaire de l'origine des mots, xiii° siècle. — Vendu 46 fr.

10. Summa super librum Porphirii, xiv° siècle, in-8°.

11. J. Roberti historia majestatis imperatorum, xii° siècle. — « Hic liber historie scolastice a domino Petro, abbate Vallislucentis fuit concessum, et pertinet monasterio Vallislucentis. » Ecriture de la fin du xv° siècle.

12. Epistolæ B. Bernardi, xii° siècle. Beau manuscrit à 2 col. Vendu à Maurache, libraire.

13. Glossa super canticum canticorum et sermones, par M° Thomas, in-8° à 2 col., xii° siècle.

14. Sermones magistri Petri, in-4° à 2 col., xii° siècle. — Vendu à M. de Salis.

15. Explanatio visionum Ezechielis, et descriptio SS. Locorum captionis Jerusalem per Christianos, et descriptio SS. Locorum per Baldricum, abbatem Burgaliensis in Andegavis, xii° siècle. Bel in-folio à 2 col.

4° ORIGINES DIVERSES.

16. Recueil des antiquités et choses mémorables de la ville et pays Sénonois, par J. Taveau, sénonois, in-f°, 209 feuillets. xvi° siècle ; écriture italique avec l'écu des armes de la ville en tête.

17. Chronique du frère Bureteau, contenant les histoires des

archevêques, abbés et autres notables personnages de Sens, rédigée par frère Pierre Bureteau, né à Sens, religieux célestin au même lieu (1). In f°, 383 feuillets, pap. — Vendu à M. de Salis 65 fr.

18. Histoire de Sens, par J. Rousseau, curé de Saint-Romain.

19, 20. Vies des archevêques de Sens, et histoire de Sens, par le P. Guichard, picpus, mort en 1739, 2 vol.

21. Les Matinées sénonoises, par M. Tuet, chanoine de Sens, (Publié en 1789.)

22. Salgues, manuscrit sur l'histoire de Sens.

23. Milachon, curé de Saligny, au xviii° siècle, histoire de Sens.

24, 25. Dulimon et Roy, chanoines, manuscrits sur l'histoire de Sens.

26. Recueil des épitaphes et des inscriptions de la ville de Sens, levées et copiées avec soin dans la cathédrale et les églises paroissiales, monastères, etc., avant 1789 par M. Tarbé, imprimeur à Sens, in-f° pap., relié maroquin rouge. — Acheté par M. Petit de Julleville et advenu en dernier lieu à M. Léon de Bastard. (Bibliothèque d'Auxerre).

27. Statuts de la confrérie des pâtissiers de Sens en 1517, suivis de la liste des confrères et des actes de réception des confrères successifs jusqu'en 1717. Miniatures représentant saint Honoré, patron des pâtissiers, et saint Antoine ; celle-ci faite par Dápre-

---

(1) Pierre Bureteau y annonce que ce n'est que la minute de son travail, qu'il n'a pu mettre au net parce qu'il a été envoyé demeurer à Rouen, en février 1520. Pierre Bureteau revint plus tard à Sens. Il fit probablement l'inventaire des archives du couvent des Célestins, dont il annota toutes les chartes au dos. Ce qui le prouve, c'est un acte de 1531 concernant une redevance à Rousseau ; au bas de la mention au dos, on lit : « Fait à Villeneuve-le-Roy, le 23 septembre 1532, signé : P. BURETEAU. »

mont, peintre, en 1591. In-f° vél., 49 folios. — Vendu à M. Grangier de la Marinière. — Cabinet de M. Quantin.

IX

Extrait du catalogue de la bibliothèque du Chapitre de Sens, par le chanoine Mahiet, vers 1750. (Archives de l'Yonne, G. 724).

LIVRES IMPRIMÉS A SENS.

Missale Senonense, de la Hoguette ; Senonensi, 1715.
Evangelium, liber ad usum Senonense ; Senon., 1561, vélin.
Evangelium, liber ad usum Senonense, en papier.
Missa pro defunctis ad usum Senonense ; Senon., 1716.
Antiphonarium Senon. ; Senon., Pelee, 1759, 2 vol.
Missale Senon., Pellevé ; Senon., 1575.
Manuale Senon., Pellevé , Senon., sans date, chez Savène.
Manuale Senon., Bourbon ; Senon., 1556.
Recueil de Sens, de la Hoguette ; Sens, 1694.
Processionnel de Sens, Gondrin : Senon., 1661.
Livres d'épitres à l'usage du diocèse de Sens ; Sens, 1716, in-8°.
Breviarium Senon., Bellegardi ; Senon., 1641. 2 vol. in-8°.
Breviarium Senon., La Hoguette ; Senon., 1702 ; 4 vol.
Supplementum Breviarii Senon, Senon., 1702, in-12.
Breviarium Senon., Chavigny ; Senon., 1726. 4 vol. in-8°.
Octavarium seu supplementum Breviarii metropol., Senon. Languet ; Senon., Jannot, 1734, in-8°.
Diurnale eccl. Senon., Languet; Senon., 1735, in-18
Livres d'épitres à l'usage de Sens ; Sens, Jannot, 1718.
Breviarium Lingonensis, pars hiemalis; Senonis, Richebois, 1560, in-8° goth.
L'office de la semaine sainte à l'usage de Sens ; Sens, 1741, in-12.
Livre d'église à l'usage des laïques; Sens, Jannot, 1727.

Confrérie du Saint-Sacrement dans la chapelle de l'Hôtel-Dieu de Sens, (par M. Taffoureau, doyen de Sens), Sens, 1697, in-12.

Heures à l'usage de Sens, au long sans rien réquérir; Sens, 1569, in-12.

Les Psaumes de David, etc. ; Sens, 1707, in-12.

Promptuarium seu manuale missarum anniversariorum ; Senonis, Pressurot, 1698, in-8°.

Processionale Senonense, Languet; Sens, Jannot, 1740, in-8°.

Processionale Senonense, de Luynes ; Sens, Jannot, 1756.

Défense de la discipline du diocèse de Sens touchant la pénitence publique (par Jac. Boilleau, doyen) ; Sens, 1673, in 8°. — Cet auteur a fait plusieurs autres ouvrages indiqués dans ce catalogue.

Recueil des conférences ecclésiastiques du diocèse de Sens ; Sens, 1672, in-12.

Usage des sacrements de pénitence et d'eucharistie, Gondrin ; Sens, 1674, in-12.

Ad clerum Senon., de dignitate et officio sacerdotum et pastorum oratio. Ant Hieron. Tavello, Senon. ; Senon. 1573.

Hieronimus Tonnellier, oratio exhortaria, Senonis, in comitiis synodalibus habita, IV Id. maii 1587 ; Senon., 1587,

La règle de Saint-Benoit avec des constitutions particulières du monastère des Bénédictines de Montargis; 1704, sans nom de lieu (Sens) 1712.

Coutumes de Sens ; Sens, 1556, avec le procès-verbal.

J.-Bap. Driot, de Primatu Galliarum adversus Lugdunensem et de metropolitano jure adversus Parisiensem ecclesie Senon. querela ; Senon., 1657, in-16.

Lettres pastorales de Mgr de Gondrin sur le jubilé et sur les masques, et pour l'établissement des confréries de charité ; Sens, 1673, in-12.

Recueil des statuts synodaux du diocèse de Sens, par M. de Gondrin, 3ᵉ édition, Sens, Pressurot, 1670, in-12.

Traité de la puissance et autorité des rois, fait en latin, par

Claude Gousté, prévôt de Sens; 1561, in-8°. (sans nom de lieu).

Arrêt mémorable du parlement de Dôle, contre Gilles Garnier, pour avoir, en forme de *loup-garou,* dévoré plusieurs enfants ; Sens, 1574.

Jac. Tavelli, Senonens. archiep. Vitæ ; Senon,, 1608.

La vie de S. Paterne ; Sens, 1685, br. in-12.

Daniel Balthazar, discours poétique pour quelques actions signalées du cardinal Duperron ; Sens, 1618.

Nicolas Couste, recueil de vers adressé au cardinal Duperron, sur son entrée à Sens ; Sens, 1608.

Max. Leclerc, carmina diversa, ad Oct. de Bellegarde ; Senon., 1622.

Cœlii Firm. Lactantii Phœnix August. ; Senon., 1609 ; dédié au chapitre de Sens, par Steph. Claverius, qui a ajouté des notes audit poême.

Description de l'oiseau de paradis ou phœnix, en vers français ; Sens, 1608. (Traduction du précédent).

Joachimi Bellaii, Veronis in fontem Carmen, Senon., 1558.

Portentosum lithopœdion, sive Imbryon petrefactum urbis Senonensis, autore Joan. Albosio ; Senon. 1582, in-8°.

In eodem, J. Ailleboust, le prodigieux enfant pétrifié de la ville de Sens ; Sens, 1582, fig. (C'est la traduction du précédent).

Simeonis Provencherii aphorismorum hyppocratis enarratio poetica ; Senon. 1603.

Simeon de Provenchère, histoire de l'inappétence d'un enfant de Vauprofonde : Sens, 1616 (Ce sont quatre discours composés sur ce sujet).

Idem, 5° discours apologétique pour les causes surnaturelles de l'inappétence de l'enfant de Vauprofonde.

Thomas Montserinet, histoire véritable d'un enfant qui a vécu en santé, sans boire ni manger, l'espace de 5 ans ; Sens, 1616.

Idem, le jardin sénonois cultivé naturellement d'environ 600 plantes diverses, qui croissent à moins d'une lieue de la ville de Sens ; Sens, 1604.

Discours de l'hydropisie. Quelle est la guérissable et celle qui ne guérit jamais ; Sens, 1621.

Réglement politique sur l'aide des pauvres malades de peste ; Sens, 1606.

Conseil présenté au roy contre la peste ; Sens, 1627.

Réglement politique sur l'aide des pauvres malades de peste ; Sens, 1627.

Remède infaillible pour préserver de la rage ; Sens, 1657.

IX

Extrait du testament du doyen Charles-Henri Fenel, contenant donation de livres et de manuscrits au chapitre de Sens.

« Il souhaiteroit pouvoir laisser de plus grands biens à ses parents, M. Charles-Nicolas Fenel de Luysan, son frère, et à ses neveux et nièces, enfans de feu M. Fenel, avocat au parlement, son frère ainé, et à ceux de M. Fenel de Beaumont, son autre frère ;

« Mais il les prie de considérer qu'ils y trouveront des biens et effets, au besoin en égale quantité à ceux qu'il a eus par les successions de ses père et mère, n'estant pas permis à des ecclésiastiques de thésauriser ; et comme il a subsisté en partie de son bien de famille, et en partie du revenu de ses bénéfices, il a cru que sa conscience ne luy permettoit pas de n'en pas rendre une partie à l'Eglise ;

« Ainsi, il déclare qu'il a ci-devant délivré manuellement à l'église et chapitre de Sens tous les livres qu'il avoit acquis pendant sa vie pour travailler avec quelque utilité aux ouvrages auxquels nosseigneurs les Archevêques de Sens, sous lesquels il a vécu, ont bien voulu l'employer, dans la vue que dans un pays où le secours des livres manque entièrement, l'on pût, au moins, en certain temps, avoir cette petite ressource. »

(21 janvier 1717, archives de l'Hôtel-Dieu de Sens).

X

Liste des manuscrits existant autrefois dans les bibliothèques de diverses maisons religieuses d'Auxerre et dans celle de Pontigny, cités par Lebeuf dans le Cri de la Foi.

Chapitre d'Auxerre. — Lectionnaire écrit pour l'usage de la cathédrale au XIIe siècle, contenant des homélies sur les Evangiles depuis le Carême jusqu'à la Pentecôte. — *Cri de la Foi*, t. III, 225.

Abbaye Saint-Germain. — Homéliaire donné par l'évêque Alain à son église vers l'an 1160. Il est écrit en caractères du IXe siècle fort nets.

Les 40 homélies de Saint Grégoire y étaient quand Alain en fit présent, mais il n'y en a plus que 26. Le livre en cet état est entre les mains des religieux de Saint-Germain avec le *pastoral* du même saint Grégoire, qui vient aussi de la cathédrale et est d'une écriture du IXe siècle.

Dom Martène cite ce manuscrit dans son *Voyage littéraire*. — *Cri de la Foi*, t. III, 227.

— Collection des Pères et des Conciles et du diacre Florus, suivis de deux ou trois sermons prêchés dans quelqu'église, dont saint Etienne était patron. L'un des sermons fut prêché devant Charles-le-Chauve ; IXe siècle. — *Cri de la Foi*, t. III, 182.

— Lectionnaire d'Ebrard, « manuscrit qui avoit été enlevé de l'abbaye de Saint-Germain, dans le pillage des Huguenots, mais a été heureusement recouvré depuis quelques années. »

Voy. D. Mabillon, 3e vol. des *Annales ord.* S.-B., p. 147.

Il y avait deux tomes. — *Cri de la Foi*, t. III, 224.

— Légendaire des actes des saints à l'usage de la cathédrale d'Auxerre (XIIe et XIIIe siècles). Il contenait autrefois des légendes des fêtes depuis le commencement de mai jusqu'à la fin d'août ; mais il y manque à présent quelques folios au commencement et à la fin.

On y lit au folio 57 : « A canonico et succentore indigno venerabili hujus Autissiodor. ecclesiæ. »

C'est l'un des deux tomes que fit écrire Robert Abolanz, chanoine et lecteur de l'église d'Auxerre, et dont il fit présent à cette église avant d'être religieux de Saint-Marien. — *Cri de la Foi*, t. III, fol. 228.

Abbaye Saint-Marien. — « Il y a à Saint-Marien un manuscrit du XIIe siècle considérable, contenant une espèce de Théologie rédigée par sentences, ayant pour titre : *Sententiæ magistri Odonis*, attribué à Odon, chanoine de Saint-Pierre d'Auxerre, qui vivait à la fin du XIIe siècle. » — *Cri de la Foi*, t. III, 208.

— Règle des chanoines et des religieuses, du concile d'Aix-la-Chapelle en 816. — *Cri de la Foi*, t. III, 230.

Abbaye de Pontigny. — Commentaire sur la Genèse, contenant la moitié d'un volume in-4°, par Remi d'Auxerre, commençant ainsi : « Incipit expositio magistri Remigii super Genesim. » (XIIe siècle). — *Cri de la Foi*, t. III, 196.

www.ingramcontent.com/pod-product-compliance
Lightning Source LLC
LaVergne TN
LVHW051457090426
835512LV00010B/2201